心に折り合いをつけて
うまいことやる習慣

精神科医
中村恒子
聞き書き：奥田弘美

すばる舎

はじめに

私中村恒子は、今89歳。精神科医の仕事を始めて70年近くになりました。勤務医なので、仕事はきっちり決まった時間。9時―17時のフルタイムで働いていています。働かされてます、と言ったほうがええやろか（笑）。

それもこれも、ありがたいことに患者さんたちが頼ってきてくれるからなんやけど、これだけ長い間仕事をしていると、いろんな人と接する機会がありました。

あたりまえの話なんやけども、人の悩みは本当にそれぞれやなあと思います。職場の人間関係もあれば、家庭の問題もある。年齢も、性別も、バラバラです。

「新卒で勤めた会社が合わなかった」

「今の職場でやりたいことができない」

「部下を持つようになってストレスが増えた」

「職場でいじめにあっている」

「家事や子育てがうまくできなくてイライラ」

「子どもの嫁とうまくいかない」

「親の介護で会社をやめないとならなくなった」

「再就職先が思っていたのと違った」

……そんな感じで、よく聞く話ではあるかもしれへんけども、いざ自分がそうなると悩みは相当に深いもんです。

しかも、本人次第で解決できる問題ならええけども、ある程度辛抱が必要な問題もあります。いくつもの問題が重なることも当然ある。

じゃあ、そんなときにどうしたらええんでしょうか？

それは、現実と自分の気持との間でどう折り合いをつけていくか、ということやないかと思います。

もうちょっと平たく言うと、いろいろなことが起きる人生を「うまいことやる」にはどうすればええか、ということでしょうか。

たとえば、昔はうま〜くやれたことも、何かがきっかけで急にうまくやれなくなってしまったりします。原因はちょっとしたボタンのかけ違いとか、相手のふとした一言で傷ついたとか、そんなことですな。

きっかけはささいなものなんやけど、一度気になりだすと、どんどん人や職場のイヤなところが見えたり、心の中の不安が増していったりします。

それで、誰にも言えない悩みがたまってしまった〜……どうしようもでけへん〜……と、診察に来る人がたくさんいます。

これは、時代の問題も大いにありますわな。世間で「ああしろ」「こうしろ」ということが多すぎて、疲れてしまっているんでしょう。

じゃあ、困ったことが起きたなあというとき、どんなことをすれば、自分の心なり日々のストレスなりと折り合いをつけて、うま～くやっていけるようになるのか？

私自身がこんなことをしてきたかなあ、こんな患者さんがいたなあということを思い出しながら、話させてもらいます。

ちなみに私自身は、仕事に多くの人生を捧げてきましたけれども、仕事が好きかどうかと聞かれたら、正直言って好きじゃありませんわ（笑）。

もちろん、嫌いというわけではないんですが、心から大好きというほどでもありません。じゃあ、働く上で何か大きな目標があったかと言えば、それもぜんぜんない（笑）。

「うまいことやる」と言っても、私自身、本当にどんくさいもんやから、ハッキリ言って要領は悪いです。物事を周到に用意して立ち回ったりなんて、ぜんぜんでけへん。

やってきたのはせいぜい、「目の前の患者さんが頼ってくれるならそれに応えよう」「自分にできることならしよう」くらいのものです。

今思うのは、私にとってはそれで十分やったなあ、ということでしょうか。そんな中でも、折り合いというのはついていくようになります。

いろんな人がいろんなことを言うかもしれへんけど、結局、最後は自分。自分がどう生きるか、どうしたいか、ということだけなんです。

そういうわけで、長く働いてきただけが取り柄の私の話でよければ、どうぞ聞いていってください。日常の悩みが一つ二つ小さくなって、ちょっとでもうまいことできるようになることを、願っています。

中村恒子

書き手（精神科医・奥田弘美）より

中村恒子先生は、１９４５（昭和20）年・終戦迫る6月に医者になるため16歳でたった一人、広島の尾道から大阪へ出てきました。

その後、89歳の現在までずっと精神科医として働いてこられました。つい最近まで週６日フルタイム勤務を続け、２０１７年の8月からようやく週４日勤務に減らされたばかり。

身長１４８センチ、体重40キロ足らずの小さな体からは、温かく深い慈愛のこもった言葉が発せられます。

その言葉で、患者さんたちは再び生きる勇気を復活させるのです。それは、弱々しく細ったろうそくの光がゆるゆると輝き、力強い炎を取り戻していくかのようです。

もちろん、患者さんだけではありません。恒子先生にかかわる人の多くが、そのたんたんと働く姿、その人柄にふれることで、力をもらって元気になっていくのです。

今回、聞き書きをさせていただいた私自身もその一人です。

先生の生き方は、一言でいうと「日々たんたん」。決してスマートではなく、効率的でもないのですが、いつでも目の前のことに徹して生きています。そして、そこにまったく無理がないように見えるのです。

どこまでも自然な姿に、「ああ、こんなふうに生きてもいいのか」「こんなふうに生きればいいのか」そんな気づきを与えてくれます。

どうしたら、恒子先生のように日々たんたんと生きていくことができるのか？　結果としてそれが「うまいことやる」ことになるのか？　その波乱万丈な半生を含め、ぜひ最後までお楽しみください。

奥田弘美

「うまいことやる習慣」　もくじ

第1章

なんのために、働きますか？

第2章

期待しないほうがうまいことやれる

第3章

人間関係には、妙がある

第4章

心を平静に戻す

第5章

あれやこれやを、両立していくには

第6章

「日々たんたん」な生き方

第1章

なんのために、働きますか？

01

「お金のために働く」でええやない。

精神科医の仕事をしていると、「なんのために働くのか」と悩んでいる人にしょっちゅう出会います。

仕事の内容にやりがいがない、誰にも褒められない、人間関係がつらい、原因はそれぞれ。みなさんつらそうにされてます。

でも、考えてみてほしいんです。そもそも、人はなんのために働くのでしょうか？

「やりたいことを実現するため」やったり、「夢をかなえるため」やったりするかもしれません。

それも、正解だとは思います。

でもね、もっと根本的なことを言えば、生活をするため人は働くんです。

それは、大昔から変わりません。

自分を食べさせていくため、家族を食べさせていくために働く。それが仕事のいちばんの目的です。

心身にハンディキャップのある人は別やけど、健康な人はみな自分を養っていく責任があるんです。

自分自身を食べさせていくことができるようになって、己の足だけで社会に立てるようになって、はじめて「一人前の大人になったなあ」と認めてもらえる。

だから、お金のために働くっていうのは、何も恥ずかしいことやない。あたりまえのこと。とっても立派なことやと思います。

直接お金になってはいなくても、旦那さんや奥さんが働いているのをサポートして、家庭を守る。子どもや家族のめんどうを見る。それも大事なお仕事ですな。

お金の額は関係ありません。自分や家族が生活できているんなら、それで十分。人はそうやって生きてきたんです。

そもそも私が医者になったのも、「人を助けたい」なんてたいそうなもんではありません。「いろんな流れでたまたま」そうなっただけですわ。

私は1945年6月、16歳のときに広島の尾道から大阪へ向かいました。終戦直前やったので、列車はぼろぼろで、デッキも入口も人でいっぱいのすし詰め状態。親切なおばさんが窓から引っ張り上げてくれて、やっと乗り込んだのを覚えてます。

私の家は父がしがない小学校の教員で、子どもが5人。両親は弟2人を溺愛し、私は「女学校を出たら教師になるか嫁に行くかして、できるだけ早く自立するように」と言われて育ちました。

何も特別なことはない、田舎の子だくさんな家庭ではそれがあたりまえやったんです。

そんな環境なので、私は早く働き口を探さんといけなかった。

そんなとき、大阪で開業医をしていた叔父が「親族で医者になりたい者がいたら、学費を全部めんどう見る」と申し出てくれたんです。当時は、男性の医者がごっそり軍医に取られてしまって極端な医者不足だったんですね。

そんな経緯で、私は医者の道を目指すことになりました。楽しいか楽しくないか、やりたいかやりたくないかではなく、それしかなかった、だから働いている。そんな感覚です。

ちなみに私は、開業医ではありません。70年くらい医者をやってますけど、その間はずっと勤務医。サラリーマンなんですわ（笑）。

特に野望もなく、子どもを育てるためにお金が必要やから働いてきた。そしたら子どもたちもとっくに独立して、私もええ歳になったからやめたいんやけど、なじみの患者さんもいてなかなかやめられへん……。そんなこんなで、気づけば約70年です。

よく言えば、流れに身を任せていると言うんでしょうかな。大げさなことは考えんようにしてます。

仕事に対する構え方は、そんなもんでええのでないでしょうか。

今は人を不安にさせるニュースやったり、誰がどんな暮らしをしてるとか、いろんなことが見えやすい時代なんやと思います。

せやから、不安や不満で大変な気持ちになってしまうのはわからんでもない。でもね、先行きが不安、どうなるのかわからないのは、いつの時代も一緒なんですわ。

もうこれは、私たちがちょっとあがいたところでどうしようもないことが多い。政治や経済がなんやかんやの前に、目の前の生活があって、自分を、家族を守っていかないとなりません。

せやから、「なんで働くんやろ？」と迷ったときには、単純に「働くのは、自分が食べていくお金を稼ぐため」と割り切ってええと思いますよ。

それが、人間が働く原点なんですから。

「生きがい」とか「己の成長」なんていうのは、自分をちゃんと食べさせられるようになったあとに、余裕があったらボチボチゆっくり考えていけばええと思います。人生は長いんです。

今すでに自分を食べさせるだけのお金を稼いでいる方は、十分立派。それで満足できないのなら、何かが欲求不満なんでしょうな。じゃあ、なんの欲求が足りてないのか、すこーし考えてみてもいいかもしれません。

生きるために働くことは、何も恥ずべきことではないんです。

02

「こんなの自分の仕事ではない」と考える前に、まずはスッキリ受け入れてみる。そうしないと、人は先に進めない。

外来に来る患者さんと話していると、「今の会社では成長できない」とか「働く目標を見失った」と真剣に悩んでいる人がいますが、ちょっと難しく考えすぎやないかと思います。

なんというか、力が入りすぎてるんですわ。

仕事人生は、長〜く続いていくものです。

あんまり大きな期待や思い入れを持ちすぎていると、失望したりイラつく原因になります。

世間体とか地位とか名誉とか、いろんなものにガチガチに縛られて、人の目を気にして働いていたら、そら疲れてしまいます。そんな無理を続けてたら、何十年も働く前に倒れてしまうかもしれません。

みんながみんな、しゃかりきになって働く必要はないんですわ。

与えられることに対して、構えることなくまずは受け入れること。

眉間にしわを寄せて「この仕事の意義は？」なんて難しいことを考えていると、誰も煙たがって仕事を頼んでくれなくなりますやろ？

若い人でも、長く勤めてきた人でも同じことです。

定年退職後に再就職した人でも、「この仕事は自分がするべき仕事だろうか？」って難しい顔して悩む人もいはるけど、あまり深刻に仕事をとらえすぎないほうが気楽やと思います。

昔から「大志を抱け」とよく言われるけど、あまり立派な志や高すぎる目標ばかり持ちすぎると、未来のことや成果にばかり気がとらわれてしまいます。すると、目の前のことに打ち込めなかったり、迷いが生じてしまうんやないでしょうか。

ちょっと、目線を落としてみてもええんやないかな。

「自分はこんな仕事をすべき人間ではない」なんて、たいそうに考えるからおかしなことになってしまうんです。

余計な力を抜いて、「まあこれくらいやってやるか」「今はそういうときなんやな」と、変に力まず素直に受け入れてしまったほうがラクですわ。

そうすれば頼まれた仕事もハイハイと取り組めるようになるし、仕事を頼んだ人にも喜ばれる。もっと気楽に働けるようになります。

で、受け入れたあとでやっぱりその状況がイヤなんであれば、そこから努力なり研鑽《けんさん》なりを積めばええんです。

一度は受け入れてみないと、先に進めないもんなんやと思います。

そもそもね、人間なんて70歳80歳にもなったら「勝ち」も「負け」もあったもんじゃありません。

肩書きや経歴なんてどうでもええ。身分に差なんてありゃしません。自分も家族も健康で元気でいてくれたら、世間話ができる友だちがいてくれたら、それ以外は何も必要ないと思うんです。

反対に、たくさんお金をもうけてたとしても、身体を壊すほど働いて、自分も家族もボロボロだったらどうでしょう? それこそ、不幸なことやと思います。

実際、お金は持っていても、心がいつも寂しい、「不安」や「孤独」やという人は世の中が思っているより多いもんです。

そうやって私のところに診察に来る人もたくさんいます。

戦争のあとは日本も上がり調子やったから、「こう生きることがあたりまえ」みたいな常識が多かったけど、今は違ってきてますやろ。

別に60歳で人生が終わるわけではありません。そこからが長い人も多いでしょうからね。

必要以上に気を張らないで、「ちょっと目の前の人のお役に立てればいいかなあ」ぐらいの気持ちで仕事をしてみるのはどうでしょう。

ご飯が食べられて、そこそこの生活さえできたら上出来。さらに、自分の仕事で目の前の人が喜んでくれたらもうけもんです。

そんな心持ちが、長い人生を送っていくには大切なんやないでしょうか。

03

仕事が好きじゃなくてもまったく問題ない。「やらないよりやったほうがマシ」くらいが続けていくにはちょうどいい。

88歳になるまでずっと週6日のフルタイムで働いてきたので、今までたっくさんの人から「先生は、よっぽど仕事がお好きなんですねぇ」と尋ねられてきました。

でも私は、一度も「仕事が大好きや」と答えたことはありません。

「大嫌い」ではありませんが、「大好き」でもない。「好きか嫌いか」と言われれば、「好きなほう……かな？」。私にとって仕事とは、いつもそんな感じの位置づけです。

たとえば20代のときは、「仕事をしない」という選択肢がありませんでした。親には頼れへんかったから、生きるためには働く必要がある。好き嫌いなど考えたりする暇も余裕もないって感じでしたわ。

結婚してからも、好き嫌い以前に「やり続けなければならないもの」やったから、同じような調子です。

そんなふうに何十年も続けてたら、仕事をすることは生活の一部になってしまって、子どもが独立したあとも自然と続けていました。まあ、家にいてもすることとありませんしなあ（笑）。

「仕事は好きでなければいかん」「楽しくやらないかん」そんなふうにまじめに考える人もいるかもしれへんけど、そんな必要はまったくないんやと思います。

もちろん、やりたくて仕方がないことに出会えたらそれがいちばんかもしれへん。

でも、それは宝くじに当たるようなもんなんやと思うくらいがちょうどええ。働いてれば、いつか好きな仕事に出会える……かも。それくらいの気持ちでいたほうが変なストレスを感じず仕事ができるもんです。

やらないよりは、やるほうがマシかな？　それくらいのモチベーションが、仕事を無理なく続けるコツやと思います。

そうすると過剰に期待しなくてすみますから、めんどうくさいこともイヤなことも「まあ、ときどきはそういうことも起こるやろ」と大らかになれますわ。

その中で、ふと嬉しいことや喜びがときどき味わえれば、それで十分やと思いますね。

たとえば掃除や洗濯なんかも、大好きでやっている人は少ないでしょ。「生活のためにやっている」のと違いますか？

仕事も同じですわ。旅行や遊びも、たまに行くのは楽しいけど、何回もしてるとだんだん飽きてきます。刺激というのは、すぐに慣れてしまうもんなんです。

そもそも、仕事の好き嫌いなんて実はちょっとしたもんで、仕事の内容よりも人間関係のほうがよっぽど大事だったりします。

私の経験上、仕事が嫌いになる原因のほとんどは、人間関係です。どこへ行っても仕事が嫌いになってしまうのは、人との付き合い方のほうに問題があるかもしれません。

そんなことで、仕事をしていく上では格別好きか嫌いかを考えなくてよろしいと私は思っています。

そしてどんな仕事であれ、働けるうちは何歳になっても続けたほうがええでしょうな。

時間が余ると、人間ろくなことを考えませんのや。気にしないでええことまで気になってくる。余計なことに首をつっこみたくなってくる。

暇は、人間にとって毒にもなります。せやから、「ほどよく忙しい」のがええ塩梅《あんばい》でしょうな。

今の時代なら「好きでも嫌いでもない」くらいの仕事は見つかるはずです。急がず焦らず、よ～く考えて「大好きじゃなくても長く続けられる仕事」を見つけていけばええと思いますよ。

そして歳をとってきたときには、食事や掃除のように、仕事が自然で穏やかな習慣になっていたら言うことなしやと思います。

04

会社は、他人がつくったお金儲けのための箱。
進むもやめるも最後は自分で決める。
その選択は、誰のせいにもしない。

目の前のことを大切にと言いましたが、頼まれた仕事をなんでもかんでも際限なく引き受けろと言うてるわけやありません。

いちばん大切なのは、自分の身です。自分が元気でいられなければ、家族を不安にさせますし、悪いことばっかり考えるようになってしまう。

もし自分に大きな犠牲を強いるような職場やったら、さっさと逃げ出してもええと思います。

患者さんの話を聞いてると、陰湿ないじめとかパワハラとか、睡眠時間もないぐらい夜中まで働かされるとか、可哀想になることがあります。

不思議なことに、そんな職場で**心と身体を病みそうになっている人ほど、「逃げたらいけない」と悩んでいたりする。**

生真面目《きまじめ》すぎるんですわ。

「石の上にも三年」というのは真実の部分もあると思いますけど、それはあくまでも自分の心身が健康だったらという前提があっての話です。

「ここは自分には無理」「もうあかん」と心底思うのなら、逃げてええ。身体や心がおかしくなる前に、やめてええんやと思います。

過労死なんかとんでもない。会社なんていうのは、「他人がつくった金儲けの箱」にすぎません。その小さな箱に、自分の大切な命や家族の幸せをかけすぎたらあかん。自分で「逃げる」って決めるんやったら、自信を持って逃げたらいいんです。

ただし、逃げるときは上手に逃げることやね。上手に逃げるっていうことは、できるだけ迷惑がかからんようにすること。「飛ぶ鳥後《あと》を濁《にご》さず」って言いますやろ。人間はどこでどんな縁でつながっているかわかりませんから、できるかぎり迷惑がかからんように整えて、やめるのが良いと思います。

そしてできるだけ「逃げる先」もしっかり確保しておいてやめるのがいちばんやな。

「仕事やめてから次を探します」っていう人もいるけど、それはちょっと危険やと思いますな。よほどせっぱつまっていたら別やけど。

そのためにも、身体も心も疲れ切ってから逃げるんやなくて、逃げる準備ができる体力や気力があるうちに決断して、用意周到に賢くやらなあきませんよ。

そもそも、人間が何か大きな決断をするときには、前向きなきれいごとだけではないもんです。「がんばりたい」という前向きな気持ちも、「逃げたい」という後ろ向きな気持ちも、どっちもあるのが普通でしょう。つまり、**「逃げたい」という気持ちも、人生を変える原動力の一部なんです。**

大切なのは、それもひっくるめて「自分の意志で決める」ということ。そして、「その決めた結果に責任を持つ」っていうことやね。

「前の職場がひどかったから、今の自分はこんなふうになった」というのではなくて、「自分の意志で前の職場を変えて、自分の意志で今ここにいる」という自覚が必要やと思います。

誰のせいにもしないで、自分で決めたことならば、そのあと何が起こってもなんとか対処していけるもんなんです。

自分で決めて賢く逃げるんやったら、私は大賛成。他の誰のものでもない、自分の人生は自分のもんなんですから。

コラム Episode 1

「終戦直前、広島から大阪へたった一人で向かった少女」

中村恒子先生は、1929（昭和4）年1月1日、広島県の尾道市因島《いんのしま》で生を受けました。5人姉弟の二番目で、姉と妹が1人、弟2人という姉弟構成。経済的にはギリギリな生活でしたが、教育熱心な両親は子ども全員に中等教育を受けさせたと言います。

そんな恒子先生が高等女学校に通うころ、日本は戦争真っ只中で、戦局は悪化の一途をたどっていました。

学徒動員で子どもたちは労働に駆り出され、恒子先生は「帆布《はんぷ》」という布を織るための勤労奉仕を毎日していたそうです。先生は、当時の体験をこう語ります。

「私は体が小さかったから機織《はたおり》もさせてもらえず、いつも糸運びをさせられてました。工場の人も引率の先生も優しかったけど、とにかく退屈でしたなあ。女学校で勉強するはずだったのに、真っ黒に染めた上着とモンペを履いて毎日工場へ行って、糸を配って歩いているだけ。

いずれ日本は戦争に負けるということは、10代の自分にも薄々はわかってました。戦争に負けたらどうなるんやろ。そんな先がまったく見えない日々をうつうつと送っていたんです」

そんな中、医師たちも軍医として次々と戦地に駆り出されていき、国内の医師は不足。特に地方は深刻だったそうです。

１９４３年（昭和18年）10月には「戦時非常措置《せんじひじょうそち》」が公布され、政府は医学専門学校を国内に次々と新設しました。若い男性は徴兵に駆りだされていたので、女医養成用の医学専門学校も急設されていったのです。

そんな折、大阪で開業医をしていた母方の叔父が「お国のために医者になる者には学費のめんどうを見る」と申し出たそうです。

この話に、両親は大喜び。「恒子、ぜひ医者になりなさい」と先生に大阪女子高等医学専門学校（現・関西医科大学）の試験を受けるようにすすめました。そして見事合格したのです。

先生自身も、「このまま軍需工場で先の見えない毎日を送っているより、大阪で医者になってみるのもいいかもしれない、そうしたら中断していた勉強もできるし……」と考えたと言います。

こうして、当時16歳の少女だった恒子先生は風呂敷一つとトランクを抱えて、たった一人で尾道駅から大阪へ向かいます。

しかし、ことは簡単には運びません。

戦争末期の当時、尾道にもアメリカの爆撃機B29が飛んでくるようになっていたのです。配給の行列や農作業をしている人を狙った空襲があちこちで起きていました。

「当時は誰もが死の存在を身近に意識せざるをえなかった。どこへいても死ぬときは死ぬと覚悟して生きていたなあ」と先生は振り返ります。

しかも、鉄道は軍需輸送が優先されていたので旅客用列車は減数。そのせいで列車は常に超満員状態で、客車だけでなく、けん引する蒸気機関車のデッキにまで人があふれかえっていました。まともに乗車するのも難しく、車窓から乗り降りする人が絶えなかったと言います。

尾道駅のホームで煙を上げて止まっている列車の車窓を、他の乗客がするのをマネて恒子先生もドンドンと叩いて歩いていたところ、「ここからお乗り」と親切な中年女性が窓を開けて、窓から車内へと引っぱり入れてくれました。

ところが、その列車も途中何度も空襲警報で停止し、そのたびに乗客は車外に出され藪《やぶ》や林の中に退避されられました。

その当時、順調に列車が走って尾道〜大阪間が7時間ほどでしたが、大勢の人を乗せて走る列車はB29の標的になったのです。外壁に弾痕《だんこん》が残ったまま運航する汽車や客車もめずらしくありませんでした。

「あのころはどこにいても一緒。日本全国が戦争一色でなんの楽しみも希望もない。ぜいたくも遊びも一切禁止。とにかくなんでもお国のため、天皇陛下のため、とみんなが思考停止の状態になっていたんやねえ。死ぬことがあまりにも身近にあったから、感情もマヒしていたのかもしれない」

だからそんなに大きな不安は感じなかったのよ、と恒子先生はさらりと言います。

恒子先生は約10時間かけて大阪へ到着し、牧野地区にある大阪女子医専へと向かったのでした。


〈エピソード2につづく〉

第2章

期待しないほうが
うまいことやれる

05

「幸せでなければいけない」と、思わないほうが幸せ。余計な荷物は、おろしていく。

自分が幸せか不幸か、えらく気にする人がいます。そりゃもちろん、人間は幸せなのがいちばんです。

でも、**「幸せでなければいけないか」と言えば、そんなことはまったくありません。**

そもそも、幸か不幸かなんて、大して意味のないもんやと私は思っています。たいていの場合、幸せかどうかという判断は、「他の誰かと比べて自分はどうか」と考えて決める人が多いんやないでしょうか。

収入の額、家の場所や広さ、子どもの学校や成績、何を食べたとか、どれだけおしゃれやとか、そんなことで幸せか不幸せかを判断しようとしたら、キリがありません。

何をするにしても、自分が好きでやっているならええんやけど、「他人がこうやから、自分もそうならねばならない」っていう基準になってしまうと、必ずしんどくなってきます。

「こうあらねばならない」っちゅうのは、荷物みたいなもんです。

自分が自分に好きで課すなら一向に問題ないんやけど、他人のあれこれを基準にすると、重くて重くて仕方ない。ストレスでしかありません。

本当はそうしたくないのに、無理をして背負っているわけやから、どんどんと身動きが取れなくなっていきますわ。

そうすると、**「私はこんなに辛抱しとるんやから、あんたもこうあるべきや」と人に強要をしたりする。**

そんなふうになると、悪循環になってきますわな。

でもね、単純な話で「こうあるべき」と強く思ってがんばりすぎているときは、「欲求不満」なことが多いんですわ。

しかも、欲求不満といってもその中身は、「がんばっていてすごいね、ともっと人に褒められたい」「がまんしているんだから、もっといい思いをしたい」とか、原因はちょっとしたことだったりするもんなんです。

でも、他人さんの価値観にばっかり縛られていたら、自分の欲求不満の正体に気づけません。

若いころは欲求不満をバネにして、「もっともっと」とがんばるのも悪くないとは思います。それだけのエネルギーも伸びしろもあるやろうしね。

でも、だんだん歳をとってきたら、ちゃんと己を知って、「もっともっと」を一つずつ捨てていったほうがラクやと思います。

毎日がつらいなあと思うんであれば、何かを足していくのではなく、「これで上々やろ」と、納得していく道もあるんやないでしょうか。

世間ではそれを「あきらめ」と言うかもしれへんけど、あきらめることが悪いことだとは私は思いません。「あきらめる」というのは、もともとは「物事を明らかにする」っちゅうのが語源なんやそうです。

つまり、**あきらめるというのは、自分の生き方をハッキリさせてやること**でもあるんではないでしょうか。

お金も暮らし方も、「己にとってのほどほど」を知らないけません。出世する人生も、しない人生も、子どもがいる人生も、いない人生も、人と比べたところに正解はありません。

自分で、納得していくことなんです。今大切にすべきことを中心にして、ぼちぼち行動していくことです。

いろいろ試したけど、どうしても今のままでは納得でけへんというなら、現実的にできることを考えて、ちょっとずつ新しいことをやってみればええと思います。

他人さんと比べて幸せかどうか。そこに己が本当に求めている答えなんてありません。

そもそも幸せなんて感覚は、非常に不安定で頼りない感覚なんですわ。めったにずっと長続きしません。

そんなに大げさに考えず、喜びがあれば素直に喜んで楽しんだらええし、やらなければいけないことができたならば、「しゃあない」と割り切ってたんたんとやる。人生その繰り返しと違いますか？

「こうあらねばならない」と思っていることのほとんどは、「そんなことないんちゃう？」と軽〜く考えてみてください。

06

人を変えることにエネルギーを使わない。「自分がどうしたら快適に過ごせるか」にエネルギーを使う。

人生、自分の思うようにならないことはた〜くさんありますな。

「もっとこうしてくれたらいいのに」

「なんであの人は、いつもああなんやろうか？」

「あのやり方はちょっと間違ってる」

人が集まれば、いろいろな不平不満が生まれてきます。

ここは最高やと思って入った職場でも、時間が経つにつれてイヤなところが見えてくる。初めは大好きで結婚した人であっても、長く一緒にいると許しがたいものも見えてきたりします。

外来でいろんな悩みごとを聞いてきましたが、こうした人の悩みは尽きることがありません。

ものすごくイヤな人や合わない人がいたら、その人と離れて生きるのがいちばんラクやと思います。

もし、その人のことがイヤすぎて、つらくて大変で心が病みそうやったら、思い切って離れてしまえばええんです。今は仕事もやめやすいし、離婚だってめずらしいことじゃありません。

ただ人生不思議なのは、新しい場所に行ってもイヤな人、合わない人は程度の差こそあれ、多かれ少なかれ出てくることです。

時代も変わる、組織も変わる、人も変わる。そうすると、必ず思いどおりにいかないことが出てくる。仕事を変えても、パートナーを変えても、イヤなところは必ず出てきます。

結局、どこに行っても一緒なんやなあ。１００％満足できる環境はないんです。

だから大事なのは、「今いる場所で、どうしたら己が快適に過ごせるのか」を中心に考えることやと思います。

他人さんを変えて快適にするのではなく、「自分がどう動けば快適になるやろうか」「ここで気持ちよく過ごせるようになるやろうか」なんです。ハッキリ言ってしまうと、他人さんを変えることなんか無理。１００％不可能とは言いませんけど、ちょっとやそっとの努力では、人の考え方やふるまいは変わりません。

あの手この手を使って、何年も十何年も徹底的にめんどうを見る。それくらいの覚悟やエネルギーが必要になるもんやと思ったほうがええでしょう。

私自身も結婚生活で大いに学びました。

私は27歳で外科医（耳鼻科）の夫と結婚しました。友だちから「いい人だから」と紹介してもらって結婚したんやけど、この夫がまあ大変な人やった（笑）。

根は悪い人やなかったけど、とにかく酒が好きで飲み歩きが大好き。そして無類のおごり好き。家のことは構わずに毎晩毎晩、いろんな人と飲んでは給料を目いっぱい使って大盤振る舞いしてしまう。

だから収入がまったくあてにならへんのです。

何度か改めてくれるように言ったんやけど、人の性格っていうのはちょっとやそっとでは変わらない。離婚届を取ってきて脅しても、しばらく大人しくなるだけで、また同じことをしはじめる（笑）。

なんでここまで言っても変わらんのや、わかってくれへんのや、そうやってどんどんイライラしていきますわな。

そんなんを繰り返しているうちに、もうこの人を変えるのは無理やとアホらしくなってやめました。

じゃあ、夫を変えずに、どうしたら快適な家庭になるやろうかと考えたら、家計のほうは自分で働けばいい。夫の収入はまったくあてにしないことにしたんです。

長男と次男の2人の子どもがおったんやけど、小さいときは寂しい思いをさせたやろうなあと思います。ただ、子どもにとっては父親と母親がそろっていて家庭が円満であることがいちばん大切やと思って、できるかぎり平穏な毎日が続くように努めました。

じゃあ、たまった私のストレスはどうしてたかと言うと、患者さんと夫の悪口を言い合いながら発散してましたな（笑）。

自分の主治医と旦那の悪口を言い合えるというのは、患者さんにとっても楽しかったらしく、おかげで女性の患者さんとは特に仲よくなれました。怪《け》我《が》の功名ってやつかもしれませんわ（笑）。

とにかく他人さんの性格や行動を変えるのは至難の業《わざ》やから、自分がどうすればええか、どう動けば少しでも快適になるやろか、という発想が大事やということです。

そっちのほうが、自分への負担を考えたらよっぽど効率的なんですわ。

私は、合わない人とは薄〜く付き合って、あたりさわりなくやり過ごすようにして、この人と話すと楽しいな、気が合うなと思う人とは、濃密に親しく付き合うようにしてきました。

いろんな場所、さまざまな病院で働きましたが、この基本は一緒です。

合わない人やイヤな人には意識をできるだけ向けないで、楽しい人、ウマの合う人に意識と時間をできるだけ向けていると、どんな場所でもそれなりに長く居続けられるようになるものです。

07

情は、執着の証。たとえ家族でも、自分は自分、他人は他人。我を押しつけると、相手も自分もつらくなる。

私は、16歳のときに大阪に出てきて、そのまま地元の尾道には帰らず仕事をしてきました。

すると、「寂しくなかったんですか？」とか「不安やなかったんですか？」とか「なんでそんなに強いんですか」と尋ねられることがあります。

正直、生きていくのに寂しさや不安を感じたこともあります。でも、生きていくしかなかった。私が特別強いというわけでもないと思います。

イヤなことにあえばイヤな気にはなりますし、グチもたくさん言ってきました（笑）。

ただ、それでも不安や寂しさに延々と悩むことがなかったのは、「人は一人で生きていくもんや」と考えているからかもしれません。

人間関係で悩む人は本当に多いですけど、忘れてはいけません。

どこまで行ったって、人は一人なんです。

これはたとえ親子でも同じ。一人ひとりが意志を持った別々の人間なんやから、いつも同じほうを向いて生きていくなんてできません。

「仲間が」「友だちが」といつも誰かと一緒にいることを求めたり、子育てで「仲のいいママ友ができない」、職場で「親しい人ができない」と深刻に悩みだすのは、考えるだけ損というものです。

もちろん、仲のいい友だちや同僚がいるに越したことはありません。心のオアシスというのは本当にそうで、話を聞いてくれる人がいるだけで心はラクになりますわな。

だからといって、仲がいい人が常に自分を助けてくれるとは思わんことです。いい距離感とあきらめが必要ですわ。

そもそも、人間関係は「水物」。

ほんのちょっとしたことでひっついたり離れたりするもんです。人間は己の利のあるほうへすぐ流れるし、時間や距離が離れて会わなくなると、縁もどんどん薄くなる。それが人間関係というものです。

結婚した相手が、いつも自分のことを理解してくれていて自分のことを考えてくれていることがあるでしょうか？　せいぜい新婚時代くらいのもんですやろ（笑）。

人は各々に意志がある、状況がある、人生があるし、それはどんどん変わっていくもんやと思います。

血を分けた親子でも、兄弟でも同じ。自分のことをいつも気にかけてくれていることはありません。それは当然のことなんです。

小さいころは目の中に入れても痛くないほどかわいがっていた子どもも、成長して独り立ちして、自分の人生を送る。

それが、親の役割。子どもの役割。人間の生き方なんです。

せやから、人が自分の期待どおりに行動してくれなかったことを寂しい・悲しいなどと思わんでほしいんです。

情っていうのは、一見いいもののように見えますけど、それは見方を変えると他人さんへの執着であって、こちらの身勝手さの証でもあるんですわ。

互いが互いを縛り合う・依存し合う関係は健全ではないし、不自然。疲れてしまうでしょう?

他人さんが自分のほうを見ていてくれているときは素直に「ありがとう」と感謝する。そして与えてくれるだけの愛情を喜んでいただいておけばええんです。

反対に他人さんが離れていくときは、そのままま~っと離れさせてあげればええ。

「来るものは感謝していただく、去るものは追わない」が、結局お互いにとっていちばんラクなんやないでしょうか。

他人さんのことは信用せず、友だちをつくらず孤独に生きなさいという話じゃありませんよ。

人に親切にしたいときにはすればええし、連絡を取りたいときは自由に取ればええ。言うことを聞きたいときは聞けばええし、信じたいものは信じればええと思います。

でも、人は人である、最初から最後まで各々が違う人生を生きているもんや、ということを忘れてはいかんということです。

自分は結局一人なんやと開き直っていくと、他人さんに対して必要以上に執着しなくなってきます。

そしたら不思議なことに、身軽に動きやすくなってくるんですわ。余計なことに縛られることがなく、自分のしたいように、自分の「素」のままに生きることが怖くなくなってきます。

結果的には、そのほうが自分が付き合いたい人と付き合うことができて、いい人間関係をつくることができるもんです。

誰かに対して無性に怒りが湧いたり、心がどうにも寂しさや悲しさを感じるというときは、そんなことを考えてみるとええかもしれませんね。

08

与えられることをあたりまえだと考えてはいけない。もらったものに感謝をする。そして、それ以上は望まない。

私はずっと勤務医として働いてきたもんやから、多くの働く人と同じように同僚がいて、上司がいて、部下がいて、という職場環境で仕事をしてきました。

「職場の人間関係で悩みませんでしたか？」って質問されるけど、そんなに大きなトラブルは経験したことはなかったですなあ。

そのコツは？　って言われると自分ではよくわからんのやけど、やっぱり本質的には人に多くを望まないことでしょうね。

いい意味で期待をしない。「〜してほしい」「〜してくれ」と言わんことでしょう。

職場でも家庭でも、「人がくれるものだけ、ありがたくもらっておく」っていう姿勢を基本にしていると、人間関係で大きなトラブルが起きた記憶はありません。

ところがクリニックで診察したり職場の人と話していたりすると、「上司が指導してくれない」とか「同僚が助けてくれない」、はたまた「夫が家事を手伝ってくれない」とか、「くれない」「くれない」っていう「くれない」族の人が大勢いはる。

でもね、人っていうのは、「〜してくれ」ってしつこく言われてするのはイヤなもんなんです。

そこに、「やってあたりまえやろ」という感覚があればなおさらです。

これは、たとえ上司・部下という間柄だとしてもそう。

「部下なんやからこうせい」「上司なんやからこうあらねばならない」という考え方もあるでしょうが、私たちは役割の前に「人間」です。特に今の時代はその人間性を尊重せないかんでしょう。

そもそも、人に何かしてもらうのが当然だと考えていると、感謝の気持ちを忘れてしまいますわな。「これくらいはやってもらってあたりまえ」という感覚は人間関係がうまくいかなる大きな要因の一つです。

でもね、**何かをしてくれることはあたりまえでないと考えて生活できると、ちょっとしたことにも感謝できるようになりますわ。**

与えられるのはあたりまえではない。自分の言うとおり・思いどおりになることはあたりまえでない。そんなクセをつけて人と付き合っていけたら、必要以上に落ち込んだり悩んだりしなくてすむと思いますよ。

09

相手の都合を大切にする。そしたら、自分の都合も大切にしてもらえる。

言ったように、望まないことが人間関係では大事やと思うのですが、どうしても仕事や家庭で「〜してほしい」と要求しなけりゃいけないこともあるでしょう。

もちろん、私にもあります。

医者は看護師、ケースワーカーや事務職の人に指示を出して動いてもらう立場ですから、仕事や作業を頼まなくちゃいけないことは結構ある。

そんなときは、たいていこんなふうに言うことにしてます。

「忙しいときに悪いなあ、今ちょっとええかしら？」

まず相手に丁寧に都合を尋ねますな。

このとき相手の様子が、私の話を聞いてもらえそうやと思ったら、頼みごとを伝える。

「あの患者さんには、〜したほうがええと思うんやけど、あなたに頼んでもええかなあ？」

「ここをもう少し〜してみたらいいかなと思うんやけど、あんたはどう思う？」

といった感じです。

「やってもらえるか？」「どう思う？」って相手に常に意見や意志を尋ねながら一緒に考えて決めていくようにしてますね。

人の心なんていうのはそういうもの。難しいようで単純なんです。

年齢差、肩書き、そんなものは関係ありません。

昔は医者もスタッフに対してえらそうに命令する人も多かったけど、私はいくら歳をとってもえらそうに言うのはイヤやね。

医療現場はチームで動いていく仕事やから、医者は一人では何もできないんです。

どんな職場でも同じなんやと思います。働いている人が快適に過ごせたら効率もよくなるでしょう？　そしたら、余計な残業も減らせます。

じゃあ、快適な気持ちのいい人間関係をどうつくるかといえば、相手に対してできるだけ不満を持たないことです。

不満がたまってくると、つい顔や態度に出てしまいますやろ？　そして不満が蓄積すると、相手のことが嫌いになってしまう。

じゃあ、人さまに不満を持たないためにはどうするか。

これは、繰り返しになるけれど多くを望まないことです。

「この人なら」とか、「この職場なら」とか、そんなもんは自分の甘えや幻やと思って、最初から期待しないことです。

期待して望まなければ、また別のやり方や道筋が見えてきたりするもの。

そしたらその方法を試してみたらええ。

結果的にそれは、自分と相手の距離感を保つことになるし、仕事の環境をよくするし、効率を上げることにもつながります。

自分のことを尊重してもらいたかったら、相手のことを尊重すること。単純やけど、とっても大切なことやと思います。

10

チャンスは、偶然の中でしか生まれない。ポンと背中を押されたら、流れに身を任せてみる。

どんな人の人生にも何回か大きな流れがやってくると思います。いわゆる転機とか、人生の岐路《きろ》とか言われるやつです。

私にも、その流れが何回かやってきました。

私は、戦後すぐは大阪で国家試験の勉強をしていました。医者になるには1年間病院で無休で働く（今でいうインターンをする）必要があって、そのあとやっとの思いで試験に合格して医者になったんやけど、医者になっても働く場所がないんですわ。病院自体が少なかったし、働けても、数年間は給料がもらえんのが普通やった。

私にはお金がないからそれでは生きていかれへん。

どうしたもんか……と困っていたところに、学生時代にアルバイトをしていた映画館のアイスクリーム売りのおじさんが、「弟が開業医をしているから、よかったら紹介してあげるで」と声をかけてくれはったんです。

その先生のお宅に転がり込んで、住み込みで働きました。奥さんと小さな子どもが2人おって、子守も掃除も洗濯も頼まれれば「はいはい」となんでもやりました。

そんな丁稚奉公《でっちぼうこう》みたいな暮らしを2年ほどしていたとき、大阪の街を歩いていたら、今度は研修（インターン）時代に一緒に勉強した友人の医者にバッタリ出会ったんですわ。

そしてその人が「奈良県立医大の精神科で助手の口が空いているから、来ないか？」と言う。

不思議なことが続く瞬間が、あるもんですわな。

私はちょうどそのとき、週1〜2日だけ勉強に行っていた大阪市立大学の内科で、結核の末期の患者さんの担当ばかりをしていました。

「死んでいく患者さんに対して、なんの支えにもなれない自分はなんて無力なんやろ」と悩んでいた矢先、人の心の勉強を少しやってみるのもええかなと思ったんですわ。

「行きます」と即答して、私は精神科医になりました。

こういう環境の変化を、「チャンス」ととらえるか、「怖い」ととらえるかは、人それぞれでしょう。

どっちが正解ということもないんやと思います。

私の経験として言えることは、**いい流れが来ているときには、不思議とまわりの人もあと押ししてくれることが多い**、ということでしょうかな。

このときも、「これこれこういう経緯で、やめさせてもらいたい」と働き先の先生に話したら、「ちょうど弟が医師になって戻ってくるって言っているから気にしないで行きなさい。開業医の手伝いして過ごすより、あんたは若いから大学で勉強して成長したほうがええ」と気持ちよく背中を押してくれはったんです。

もちろん、中には反対したり引き止めたりする人もいるでしょうけども、そんな中でも、自分がいちばん信頼している人がポンと背中を押してくれたりする。

そんな流れが来ているときは、変な損得勘定をするよりも素直に乗ってみるのがええと思います。

損得勘定で考えると、どこかで無理をしているというか、心のしこりみたいなのができてしまうもんです。だから、そうではなく、素直に、心のままに考えてみてください。

なんとなく心がワクワクするか？

打算ではなく、本心でやってみたいか?

そう自分に聞いてみて、イエスやと思うんであれば、乗ったほうがええと思います。それでポンと流れに乗れると、また新しい流れがくる。何歳になっても、それは変わらん気がします。

チャンスをくれるのは、いつだって人なんやね。

コラム
Episode
2

「時代に翻弄《ほんろう》されながら、医師への道をつかむ」

恒子先生は、大阪府枚方市《ひらかた》牧野にある大阪女子医専に入学し、寮生活を始めましたが、そのわずか2か月後に日本は終戦を迎えます。

戦争末期からのひどい食糧難に加え、アメリカ進駐軍の指導で教育システムがガラッと変わり、4年で医師になれるはずが、5年間在籍が必要に。さらに、卒業後の1年間は無給のインターンをしなければならない、医師国家試験に合格しないと医師になれない……など、幾多の難関が訪れます。

「話が違う！」と、多くの同級生が退学して地元に帰っていったそうです。

「裕福な家の人は、そんな苦労までして医者になるのはイヤだと次々とやめていかはった。でも私は実家に戻っても受け入れてもらえる状況やない。お金もないし、ただひたすら勉強するしかなかったんですわ」

20代後半の恒子先生

「退路はない」と必死の思いで勉強をした先生は1950（昭和25）年3月、大阪女子医科大学（旧大阪女子医専）を卒業します。

ですが、待っているのは1年のインターン研修。

ここでも、学校から「すべての学生をインターンさせる余裕がない。成績のいい者たちは自分でインターン先を探すように」と、なかば放り出されてしまったのです。

結果的に試験に合格して大阪の日赤病院のインターン生となれたのです

が、まだ試練は続きます。

「本当に悲惨やった。なんの身分保障もないままに病院の労働力として雑用にこき使われながら、医師国家試験の勉強もせなあかん。朝から晩まで病院にいて、一杯10円のうどんをすすりながら駆けずり回って勉強して……我ながらようがんばりましたわ（笑）」

このときのインターンはいくつかの学校の卒業生が集まっており、夜にはみんなで励まし合って国家試験の勉強会をしたそうです。

実は、そのとき知り合った若い内科医との爽やかな初恋のような経験もあったとか。

「その人にはすでに田舎に親が決めた婚約者がいてね、結婚できないってわかってました。だからお互いに好意を胸に秘めながら、3回ぐらい大阪の街をぶらぶらと歩いてデートしただけ。清らかな淡い初恋でした。戦時中は、空襲で死ぬ前に一生に一回だけでいいから素敵な恋をしたいなあと思って生きていたので、私はそれだけで十分満足やった」

そんなほろ苦い小さなロマンスも体験しながら、インターンを終えた先生は、1951（昭和26）年、晴れて医師となります。

ところが……まだまだ試練は終わりません。

医師になっても、給料をもらえる就職先がなかったのです。

というのも、当時は医学部を卒業した人は数年間大学の医局に入って無給で修行し、有給のポストが空くのを待つのが通常だったのです。

裕福な家庭の人にはそれができましたが、先生にはできません。

このとき縁をつないでくれたのが、本編にも出てきた学生時代のアルバイト先のオーナーだったのです。オーナーが開業医をしている実弟を紹介してくれ、住み込みで丁稚奉公のように働きます。

家中の家事をこなしながら、院長の診察の介助、調剤、往診の同行など、フル回転で働きました。

さらに、その合間をぬって週1～2日は大阪市立大学で勉強も続けます。

このとき先生が担当していたのは、結核の末期患者さん。当時の結核治療はまだまだ発展途上で、治療薬は高価すぎて一般病院ではなかなか使えません。そのため「胸にピンポン玉のような詰め物をする」といったその場しのぎの手術で進行を遅らせたりしていたそうですが、末期の結核患者は呼吸困難にあえぎながら死を待つだけという悲惨な状況でした。

こうした末期の患者さんの担当を命じられた恒子先生は、「死を待つのみの患者さんにどのように接したらよいのか」「自分はなんて無力なんだろう」と診察に行くたびに悩んでいたそうです。

そんなある日、街中でバッタリ出会ったのが、インターン時代の同級生。近況報告をする中で、

「奈良医大の精神科の助手の口が空いてるんやけど、行ってみやへんか？給料は７０００円（当時の国家公務員の初任給に相当）ほどもらえるし、身分も

安定するし。それに大学のほうがもっと勉強ができると思うで」

この言葉に、先生は迷わず即答。

「それほんま？　行くわ！」

「よし、決まりや！　まじめな君なら安心して紹介できる。僕が教授にすぐ話をつけてやるから待っててや」

……こうしてとんとん拍子に話が進み、奈良県立医科大学精神医学教室の助手として働きはじめたのです。

精神科医としてのキャリアのスタートでした。


〈エピソード3につづく〉

開業医手伝いのころ、友人と写る先生（右）

第3章

人間関係には、妙がある

11

かけねなしに弱みをさらけ出せる話し相手がいるかどうか。それが元気になれるいちばんの秘訣。

88歳を過ぎてから、週6日働いていたのをクリニックの外来を2日やめて週4日に減らしました。

こんな歳になっても、まだ働いててもええんやろか？　と思うけれども、なかなかやめるのは難しいもんです。「もうそろそろやめさしてや」と理事長に頼んでいたんやけど、「もうちょっと、もうちょっと」と引き延ばされて、今に至ります（笑）。

でも、長いこと働いてるとおもしろいこともあるもんです。

たとえば、もう20年以上ずっと通ってくれている患者さんもたくさんいます。そういう患者さんたちとは、もはや医者と患者というのではなく、人生をともに歩んできた同志みたいな感じになってきています。

「月1回、先生の顔を見に来るのが、習慣になっているんや」とか、「誰にも言えないグチを先生と言い合うのを楽しみにしてる」とか言うてくれるので、なかなかやめられへんわけです（笑）。

といっても私は、特別な治療技術もカウンセリング技術も持っているわけではありません。

ただただ、みんなの話を聞いてるだけ。

「あんたも大変やなあ、私もこんな感じで大変やったで」と、夫のことを大いにネタにして盛り上がったり、「まあここで思いっきりグチを言っていけばええ」と、心にたまったものを吐きださせてあげたり、「どうしたらもうちょっとラクになるか、一緒に考えよか」と考える相手になってみたり。私が診察室でやってきたのは、せいぜいそんなことぐらいです。

たったそれだけのことなんやけど、なかなか自分の苦しみや悩みを安心して出せる場所がないんやろうな。

それぞれ日常で抱えこんでいることを、おもしろおかしく話す。それだけで心が救われることがあるもんなんです。

私は、人の心に寄り添うっていうのは、相手と同じところまで降りて話を聞いてあげるっていうことやと思うんです。

アドバイスしたり、目の覚めるような妙案を与えることができなくても、自分と同じところまで降りてきてくれて、話を聞いてもらえるだけで、人はちょっとラクになるんですわ。

相手と同じところまで降りるといっても、変に同情する必要はありません。

「へぇ〜そうなんか」「大変なんやねぇ」と、一生懸命聞くだけでええ。

気持ちを入れすぎると大変やから、「みんな大変やなあ」くらいのいい距離感がいちばんやと思います。

ハッキリ言えば、心の悩みは薬で100%消せるわけでもないし、他人のアドバイスで解決するわけではありません。

自分で少しずつ少しずつ、もがきながら長い間かけて答えを見つけていくしかないんです。

でもそれには、なかなか一人だけでは難しいときがあります。

もし、まわりに悩んでいたり落ち込んでいたりする人がいたら、「うんうん」って話を聞いてみてあげてください。

グチを一緒になって楽しく言い合うのもええやろうね。

「私も大変やけど、あんたも大変やなあ」と、その一言だけで助かる人は多いんやないかと思います。

ちなみに、話を聞いてあげたら絶対に秘密は守ること。その人を裏切らないこと。これは人としての仁義やね。

安心してグチを言い合えたり弱みを見せ合えたりする関係が大事なんですわ。

自分の弱いところを安心してさらけ出せるような人間関係があれば、人はなんやかんや元気でやっていけます。

12

ケチケチせずに細かいことを引き受けていくと、小さな親切が循環していく。

自分が気持ちよく働く、人に気持ちよく働いてもらう、という意味では自分が人から「頼まれやすい人になる」ということも大切やと思います。

私が今も病院やクリニックから「診療に来て」と言ってもらえるのも頼みやすい便利なドクターやからやと思います。

媚《こ》びろというわけではありません。頼まれたら自分のできることは「ええよ～」と気持ちよくやってあげる。できないことは、「ごめんな～」と丁寧に断る。

まずはなんでも「受けたもう」の精神やと思います。

どんな職場でも、誰でもできるようなちょっとした雑用や、こまごまとした書類書きみたいな仕事がありますやろ？

私の職場でも、「これ、先生の患者さんの書類やないんですけど、急ぎなので書いてもらえますか？」と事務方の人に聞かれたり、「先生の担当患者さんの横の○○さんの処置もついでにやってもらえないですか？」と看護師さんにお願いされたりします。

「うん、ええよ、やるよ〜」って、できるだけ引き受けてあげるようにしてきました。

ついこの前も、私が主治医というわけやないんやけど、患者さんの看取りを家族の方から頼まれたことがありました。

そんなふうに、何か頼まれることは誰でもあると思うんやけど、「それは私の仕事やない」とか意地の悪いことを言わずに、時間が許せば気軽にやってあげるのがええんやないでしょうか。

小さな親切はケチケチせんで、どんどんやってあげたほうがええんです。

相手も喜んでくれるし、仲よくなれる。そしたら、ときにはこっちのお願いも気持ちよく聞いてくれたりする。

それが人間関係やと思います。

もちろん自分が大変なときは、「ごめん、今無理や〜」とちゃんと言えばええし、自分の手が空いていたら、「何かついでにやっとくことあったらするで」と声をかけてみたりして。

そんな小さな親切がええ職場環境、人間関係をつくるもんです。もしかしたら、それがこの歳まで職場で重宝がられてきたいちばんの理由かもしれませんな。

どんな人とも持ちつ持たれつの関係やということを忘れないで、頼まれやすい人になると、人間関係のトラブルはそれだけで減ってくると思います。

13

言い争いのあとは、先に謝るが勝ち。しょうもない我を張ると、居場所がなくなっていく。

働いてると、どうしても人との摩擦は避けて通れないこともあるもんです。私も同じチームの看護師さんや助手さんに「これはどうしても言っておかんといかん」、「見過ごさずに、ハッキリさせておかんと大変なことになる」という場面に遭遇することもあります。

そういう場合は、「ちょっと話があるんやけど、時間とってもらえるやろか？」とお願いして、まずじっくりその人と話し合うようにするんやけども、ときには意見が分かれることもある。意見が分かれるどころか、そもそも相容《あいい》れないこともあったりします。

「そうか、あんたはそう考えるんやな。ちょっと私とは意見が違うんやけど、ここのところだけはこっちに合わせてもらえないやろか？」

「私のほうも代わりに～のところは、あんたのやり方に合わせるから」

といった感じで、なんとかお互いにゆずり合ったり、落としどころを見つけようとがんばるんやけど。

でも、どうしてもその話し合いの場では決着がつかなかったり、スッキリと心地よい解決にならなかったりすることも何度かありました。

相手がなんとなく納得していないなとか、相手が腹を立てたり機嫌を損ねたりして、**ギクシャクしたまま話し合いが終わったなあと思ったら、次の日は自分から声をかける**ように心がけてます。

「昨日はごめんや。こっちもちょっと言いすぎたかもしれへん」

「気ィ悪くさせたんやったら、謝るわ、許してや～」

そんな感じで、気軽に声をかけて、こっちから軽く謝る。

こっちから頭を下げて歩み寄ったら、たいてい相手も歩み寄ってくれますわ。

「いやいや、こっちも昨日はすみませんでした」

「あれからよく考えてみたら、先生の言っていることも理解できました」

っていう感じに、相手の雰囲気も丸くなることがほとんどです。

だからちょっと言いすぎたな、相手の気を悪くさせたなと思ったら、相手が若いスタッフでも患者さんでもこっちからさっさと謝ってしまいます。職場の仲間とギクシャクしているほど、居心地の悪いことはないからねえ。

私自身、貧乏な田舎者が戦後のどさくさにまぎれて医者になったくらいやと思っているから（笑）、プライドはないんです。

反対に、謝るのがヘタな人は変に我が強いんでしょうな。

「こっちから下手に出たら沽券《こけん》にかかわる」とか、「こっちから先に謝ったらなめられるかもしれん」とか、「なんで年下のやつにこっちから頭を下げないといけないんや」とか、そんなしょうもない「我」は、できるだけ捨ててしまったほうがラク、ラク。

私の家には、同じ敷地の中に長男夫婦も住んでいるんやけど、お嫁さんに対しても謝るのはまったく平気です。

「この前はごめんやで～」「悪かったなあ」って、ちょっとした行き違いが起こったら、私から声をかけていくようにしてます。ありがたいことに、嫁姑のドロドロは起こったことがありませんな。

こっちが**歳をとればとるほど、若い人や立場が下の人が、表面上はこっちに合わせてくれることも増えるのやけど、それに胡坐《あぐら》をかいていてはいけない**と思ってます。

とにかく「己のほうがえらいんや」という我はできるだけ捨てたほうがええ。自分もラクやし、まわりの人もラク。

それに、そういった我がなければ、平気で「ちょっと教えてや」「ちょっと助けてよ」と若い人に尋ねられるし、結構お得です(笑)。

私は携帯電話でメールもするし、パソコンで電子カルテにもヨタヨタと打ち込みながら診察するんやけど、これもみんな、若い人に教えてもらいながらやっているんですわ。

今もわからないことができたら、「ごめん、ここどうしたらええんやろ?」って尋ねてます。

「へえ〜、こうするんやね。なるほどなあ。若い人にはかなわんわ」

「助かったわ、ありがとうさん。また教えてや」

年下の医者からも看護師さんからも教えてもらうことが多いけど、丁寧にお礼を言って喜んでいたら、また次も教えてくれはる。

手のかかる年寄りやと思われているのかもしれへんけど、そうやって今も若い人に助けてもらって感謝しながら働けてます。

14

仲よくする人は、好き嫌いで選べばいい。損得勘定で付き合うと、いいようにされるか、孤独に悩むか、どっちかになる。

「その日、その日を生きていくこと」を考えていくと、余計なことにとらわれることがなくなる気がします。

余計なこととは、えらくなりたいとか、もっと認められたいとか、もっと金持ちになりたいとか、「もっと、もっと」という欲求ですな。

私はそんなんだから医者としては大した出世もせずにきましたけど、それはそれでよかったんやないかと思ってます。

なぜかというと、妙な欲を起こさなかったおかげで、自分にとって本当に心地よい人と、じっくり深く付き合えたからです。

欲を持ちすぎていると、損得勘定をしながら人と付き合うようになりますやろ。

自分にとって「合う・合わない」「好き・嫌い」という素直な感情やなくて、「この人は自分にとって役に立つ」「自分に利益になる」みたいな計算ずくでばかり付き合っていると妙なことになりやすい。

人に媚びたり、心にもないお世辞を言ったり、意に反することに同調したり、まあ大変ですわ。中には自分の利益や出世のためには、人を平気でだましたり、傷つけたりするような輩《やから》もいる。

そんな人生を送ると、孤立していくようになります。孤独だから、ますますお金や名誉に執着しますやろ。しんどいと思います。

人生で何を重きに置くかは人それぞれでしょうが、私はずっと「自分にとって心地よい人」と濃密に付き合うようにしてきました。

そのときその場所で「この人ええなあ」と思ったら、親しく付き合ってきたんです。

だから友だちや知り合いには、同じ世代のドクターや看護師さんもいれば、年下の若い先生もいるし、子どもが小さいときに知り合った奥さんたち、家の近くの近所の奥さんたち、いろいろいます。

私は、人間関係は水物やと思っていますが、そんな中で大勢のいい人、楽しい人にめぐりあうことができた。私にとってはそんな人らの縁が宝ものやと思ってます。

15

その人と付き合うべきか、離れるべきか、答えを性急に求めない。心の距離感を変えれば、それなりに付き合うことはできる。

生活していると、気持ちのよくないことが起きますわな。ちょっとしたやりとりの中で、何かされたり、言われたり。これは、自分では避けようがありません。

せやから、受け止め方を変える練習をしていきましょう。チクッとイヤなことを言われたときは、「あの人、家で何かイヤなことがあったんやろなあ」くらいに思って、都合よく軽く受け止めるというのがええんやろね。

「自分の何がいけなかったんやろ？」

「どうしてそんなことを言われたんやろ？」

そんなふうになんでもかんでも重く受け止めてしまうと、しんどいだけ。

自分で自分をいじめてるようなもんですわ。

もちろん、自分に非があるときもあるでしょう。

「たしかにそうやなあ」と思うんであれば、直してみようとすればええ。

ただ、冷静になって考えたときに「え、なんでや？」と思ったんであれば、それは真に受ける必要はありません。

「なんか意地悪したくなる事情があったんやろうなあ」

「イライラして八つ当たりしてはっただけなんやろ」

「なんや気の毒な人やなあ」くらいで解釈しておきましょう。

実際、**人が人を注意したり、怒ったりするときなんていうのは、だいたい身勝手なもんなんです。**

「愛があるゆえの注意」ということもあるかもしれへんけど、本当に愛情があるかどうかなんて、言われたほうはすぐにわかるもんですわ。

不快だったり、傷ついたりしたと感じたら、「この人はそういう人なんや」と、距離のとり方を変えましょう。

まともに付き合おうとしたり、気に入られようとしたり、がんばるから余計に関係がおかしくなるんです。

「この人は気の毒な人やから、こっちもこれくらいの付き合いでええわ」と心の距離を離してみましょう。

表現としては「気持ちを入れすぎない」ということでしょうかな。

かかわる人みんなの顔色を気にする必要はどこにもありません。それで、ある程度は「だましだまし」やってくのが生きる知恵というもんやと思います。ただ、この「だましだまし」がなかなか難しいんやろうね。

私が最近の傾向として感じるのは、イヤなことやつらいことがあったら、すぐに結論を見つけようとする人が多いことです。心療内科や精神科にも、「どうすべきか」の結論を急いで受診する人が多くなったなあと思います。試験の問題ならいざしらず、生き方や人付き合いに万人共通の答えなんてあるもんでしょうか。

病気やったり、生きる死ぬがかかわってくるなら話は別やけども、人生のあらゆる選択は、最後には自分で責任を持って決めていくもんです。おもしろいもんで、相談に来る人もみんな解決策を探しているように見えて、実のところは「自分がほしい答え」を探してるんですな。家族関係も、職場の人間関係もそう。

１か０か、「好きなら付き合う」「嫌いなら別れる」といった具合です。**なんでも極端になりがちで、自分を応援してくれる極端な意見を求めてるんですわ。**

でも、そこまで極端にならんでも、それなりにうまくやっていくことはできるはずやと私は思います。

そもそも人間関係に１００点はないんやからと言い聞かせて、心が許せる人にだけ本音を言ったり、グチを吐いたりすればええんですわ。

それでも、どうしてもダメとなったとき、物理的に距離をとればええんでしょうな。

16

一人で生き方を計画したって、そのとおりには絶対にいかない。だから、細かく計画はしない。

「運命」っていう言葉があるけれども、人の運命を左右するものはなんやと思いますか？

私が思うに、それは人とのご縁。

思わぬところで、誰かがふとした瞬間に持ってきてくれるもんやと思ってます。特に、人生を大きく変えるような出来事は、思わぬところから急に降ってくるもんやないでしょうか。

私が精神科医になったのも、たまたまの偶然が重なったものだとはお伝えしたとおりです。

結核末期の患者さんの心のケアができない。それで悩んでいるときに、偶然出会った友人に、精神科の病院を紹介してもらえました。

そして、私はこの病院で金子先生という恩師に出会います。先生は素晴らしく高潔で、温かな人でした。

「自らが存在しているだけで他の人をなごませる包容力のある人間になれ。自然に心を開き、悩みを話したくなるような精神科医になれ」

先生にはいろんな教えをいただきましたが、一言で表現するとこのような言葉になりますかなあ。仕事のやり方・知識だけではなく、人としてのあり方が素晴らしい。本当に、人生の師と呼ぶにふさわしい方でした。

そんな出会いもあって、私は精神科医を自分の仕事としてやっていこうと決めたんです。

今思うと、奇跡といってもいいのかもしれません。もう一回人生をやり直したら同じようになるかといったら、きっとそうはならんでしょう。

つまり、どのタイミングでこうする、こんなことがしたいと計画しても、決してそのとおりにいかんのが人生やと思います。計算ではないんですな。

人付き合いに損得勘定は必要ないと思うのも、それが理由です。付き合いたくもない人と無理に仲よく付き合うことなんてないんですわ。どうしても付き合わんといけないときは適当に心の距離を離せばええ。

もちろんこれは、人の努力を否定するのではありません。「こうしたい」と決めてそのために努力していくことはとても大事やし、必要なことやと思います。

でもね、それが「こうあらねばならない」という決めつけになって、頑固さになって、偏屈さになっていくと、柔軟性がどんどんなくなります。

柔軟性がなくなると、自分のつらさが増していきますな。

「こんなにがんばってるのに、なぜ報われないのか」と考えだして、人にもつらくあたってしまうかもしらん。

そうすると不思議なもんで本来出会うべき人に出会えない、いいご縁があったかもしれないのに、ご縁がなくなってしまう。そんなことが起こったりします。

やっぱり、心に嘘をついたらいけません。自分を見失って余計な負担をかけ続けると、うまくいくもんもうまくいかなくなってしまうんですわ。

人の意見に耳を傾けることは大事なんやけど、それは、人に振り回されることとはまったく別の話です。

人からご縁をもらって、それをどう活かすか。こればっかりは、他の誰でもなく、最後は自分で決めないけません。

「心に正直に」が、いちばんやと思います。

コラム
Episode
3

「精神科医が、一生の仕事になった理由」

１９５３（昭和28）年４月、恒子先生は奈良県立医科大学で精神科医の助手となりました。

当初は、「将来どの科に行くとしても、人の心について学んでおくのは悪くない」と軽い気持ちだったそうです。ただし、

「その当時、女医で精神科医になるなんて、よっぽどの変わり者と言われましたんや」

と恒子先生は振り返ります。

というのも、当時は精神病院の患者さんに対する偏見がひどかったのに加えて、精神病院のほとんどが戦火で焼失。全国でわずか４０００床という少なさでした。

そのため、奇声をあげて暴れたり徘徊したりするような状態の悪い精神患者さんは自宅の座敷牢《ざしきろう》で監禁されていたのです（私宅監置《したくかんち》制度）。座敷牢とは、民家の奥まった物置や土蔵につくられた1～2畳ほどの柵のついたスペースで、いわば檻《おり》です。日も当たらない不衛生な環境で、最低限の食事だけ与えられている、という非人道的な扱いを受けた人が多くいました。

昭和28年当時は病床が3万まで増えますが、入院が必要な患者さんの数は35万人。その多くが座敷牢に閉じ込められていたのでした。

当時の精神科医の仕事には、劣悪な座敷牢で監禁されている精神患者を見つけて入院させるという、そんな仕事も含まれていたのです。

「座敷牢の患者さんを迎えに行くときは、男性の方々も常に一緒で、危険はぜんぜんなかったですよ。興奮が激しくて暴れるような患者さんのときは、警察官も立ちあったしね。

座敷に閉じ込められていた患者さんは衰弱していて、久しぶりの外気にふ

精神科医となった恒子先生

れて嬉しそうやったなあ。病院に連れていって洗髪入浴して、着替えて、清潔にするのが私たちが第一にしてあげることやった」

……そんな状況だから、「変わり者」扱いされたというわけです。

では、そんな過酷な仕事を、なぜ先生はずっと続けることになったのでしょうか？

それが、恒子先生を迎え入れてくれた金子仁郎教授との出会いでした。

上司として指導をするだけでなく、実家に頼れない恒子先生に住む部屋を紹介してくれるなど、金子先生は「穏やかで知的なジェントルマン」という言葉がぴったり。「声を荒げたことなど一度もない、懐が深く高潔なお人柄だった」と言います。

金子先生は医局員に対して常に「精神科医は、自分が治したのではない。援助し、患者自身が治すんだよ」と説いたそうです。

「精神科医は助言し、病を治す方向に導いていくお手伝いをするだけで、治したと思わないこと。よくなってよかったね、よくがんばったねと患者自身を褒めること。治っても決して自分が治したとおごらないこと」

金子先生のもとにいたのは3年間でしたが、その間に恒子先生は金子先生の教えに魅了され、精神科医として一生を送る決意を固めていったのでした。

〈エピソード4につづく〉

第4章

心を平静に戻す

17

先のことは、心配してもわからない。目の前のことがおろそかになっていないか？気にかけるのはそれだけにする。

人はなんで不安になるのか？　たいていの場合は、先のことをあれこれ考えすぎてしまうからやと思いますな。

まだ見ぬ未来のことを、「どうなるんやろ？」「悪いことが起こらへんやろか？」「失敗したらどうしよ？」と考えてしまうから、不安で眠れなくなってしまいます。

私は、「先のことを気にしても仕方がない、未来のことは誰にもわからへん」と心底思っています。

戦中戦後の混乱した世の中を経験した身としては、まさかこんなにも豊かな時代がくるなんて想像もしてませんでしたし、私自身もこんな年齢まで働くとは思ってもみませんでした。

いったい誰が、今のような状況を想像できたんやと思うんです。

ただね、一方で変わらないこともたくさんある。どんな日も朝が来て夜になるし、お腹はすくから食べないといけない。それは時代に関係ありませんわ。

ずうっと先のことなんか気にしたって、どうせ思いどおりにならへんのです。

基本的には、今日1日生きていくことだけを考えて生きていけばええんやと思います。

当然、生きていればそのときどきでいろんな問題が降ってきます。けど、「夜になったらまずは寝て、朝になったらまた考えたらええわ」と思ってさっさと眠ってしまうんです。

次の日の朝になったら、気分が変わって違う考えが浮かぶこともあったり、職場に行ったら、また違った状況になっていたりします。

我が家で言えば、夫が酒豪だったり子どもが病弱だったり、いろいろ悩みのタネはありました。

それでも、食べて、寝て、命をきちんとつないでいけば、たいていの物事はなんとかなっていきます。

とにかく、目の前のことがおろそかにならないようにすること。何においても、それがいちばん大事なことですわ。

自分の仕事のこと、子どものこと、家のこと。

人間として、今やらないかんことはいくらでもあります。心配するのは、それがぜんぶ終わったあとでええんやないでしょうか。

不思議なもんで、今目の前のことを片づけようとあれこれ動いていると、ちょっとした心配事はスーッと消えていくもんです。

言い方は悪いけど、やっぱり暇をしてるとどんどん悪いことを考えてしまうもんなんやと思います。

考えすぎやと思ったら、今、いちばんしなくてはいけないことに立ち戻ってみてはどうでしょう。

18

しんどい思いは、あとになると
いちばん大事な経験だったと感じられる。
だから、一つもムダにはならない。

人生に、イヤ〜な経験はつきものです。自分でなんとかできる問題もあれば、まったく自分の手の及ばないこともありますわな。

問題は、後者のほう。自分ではどうしようもないことと、どう折り合いをつけるかということやね。

私の場合は、どうにもならない問題としてあったのは、戦争もそうやったし、家庭環境もそうやった。

私は子どもが生まれたあと、しばらく専業主婦をやってる時期がありました。働き方も一周してたころやったんで、家事や子育てに追われる毎日もそれはそれで楽しくて、「このまま完全に家庭に入るのもええなあ」と思ってたんです。

でも、なぜだか仕事の依頼がドッと入るようになって、そのタイミングで広島に住んでた両親がこっちにやってきて、「子どものめんどうは見るから仕事をせえ」と言われて、不思議に仕事へ押し戻されてしまった。

でも、いざ始めると仕事は尋常じゃないくらい忙しくなって、家にかかわれる時間が少なくなる。

そうすると、いつの間にか両親に家のことをぜんぶやられてしまうようになる。夫は不機嫌になって夜遊びに拍車がかかる。でも、仕事はどんどん増える。生活のためにもやめるわけにもいかん……そんなふうに、やりたかった子育てにあんまりかかわれずに仕事ばっかりしていた時期がありました。

ぜんぶの歯車が嚙み合わなくなって、でも、逃げだすわけにはいかへん。

思い返すと、このときはつらかったんやないかなあと思います。

ただね、人はえらいもんで、どんな環境になっても「これが今の自分の人生や」と腹をくくると、それなりには順応していけます。

物事は両面やから、しんどい体験というのは、それはそれで人間の性根を太くしてくれますわ。筋肉なんかと同じかもしれませんな。

もしも、**今後しんどいことを経験することがくれば、それは「新しいものの見方」を学ぶ時期でもある**ということです。

本来、人間はたくましい生き物なんやと思うんです。

ゼロになったように見えても、実はそこがスタート地点。そのうち不死鳥のようによみがえって、「前に悩んでたのはなんでなんやろ?」「あれ、意外と強くなったな」と、ずいぶんラクに人生を生きられるようになったりします。

どうなったって、たいていのことはなんとかなるようになります。というか、人生はなるようにしかなりませんわ（笑）。

しんどい状況やったとしても、食べられて眠れて心身が健康やったら、ちょっと辛抱してがんばってみるのもええと思いますよ。

すべての経験には意味があるんやと、そう実感が一つでもできると、ここぞというときに踏んばりがきくようになります。

19

うまくいかないことが続くときは、立ち止まってはいけない。立ち止まると、先に進めない。

諸行無常という言葉があるように、人生は山あり谷ありなもんです。

その中では、「なんだか思いどおりにいかない時期」というのが誰にでもやってくるもんやと思います。

ちょっといいことがあったと思ったら、それ以上にしんどい出来事が起きたりして、一喜一憂して心が休まらない。そういうことが不思議と続く時期というのがあるんですな。

その渦中《かちゅう》にいるときは結構きついんやけど、大丈夫です。その先一生続くもんでは決してありません。

人生は本当に山登りみたいなもんで、地平があれば頂上もあります。平坦な道もあれば、起伏の激しい道もある。

自分だけがそうなのではなく、「人生そういうもんや」と思ってみてください。いろんな人を見てきましたけど、どんな人も思いどおりにいかない経験をしてはる。で、その中で「折り合いのつけ方の妙」みたいなもんを学んでいくんですな。

いわば必修科目というか、人生の勉強なんやと思います。

では、実際にそんな時期がやってきたらどうしたらええんやろか。

一つ、私からのアドバイスは、立ち止まらないことです。

何をしてもうまくいかないから、仕事も付き合いもやめて家ですっこんでしまう。

何をしてもうまくいかないから、テレビを観たり、ゲームばっかりして時間をつぶしてしまう。

何をしてもうまくいかないから、やけ酒をしたり暴飲暴食を繰り返したりして身体を壊してしまう。

それが、立ち止まるということです。これをやってしまうと、歯車が余計におかしくなっていきますわ。

立ち止まってしまうことなく、日々の生活をたんたんとすること。今まで培ってきた人間関係を普通〜に続けていくこと。

それが何より大切やと思いますな。

限界を超えて無理をするということではありません。

うまくいかない時期は元気もなくなっているやろうから、自分があまり負担なく付き合える人と付き合えばええし、無理やりプラスアルファの仕事や勉強を己に課すこともありません。

「うまくいかないからがんばろう」やなくて、「うまくいかないけど、まあ

ぼちぼちやりましょう」くらいの気概でええと思いますな。

全力が１００点だとしたら、60点くらいの力でええ。可もなく不可もなく、くらいの運転をしていきます。

「なんでこんなにもうまくいかないんや？」と思い詰めたらしんどいですから、心を入れすぎないようにして、言われたことや目の前のすべきことを「ハイハイ」とやっていくだけ。

「難儀な勉強をさせなさるなあ……」くらいにとらえてみてください。

そうやってペースを変えずに粛々《しゅくしゅく》とやっていると、いつか慣れていきますし、気づけば谷を抜けていきます。

そもそも、「うまくいかない時期」の中にだって小さな「うまくいっていること」はたくさんあるんですわ。

たとえば大きな災難にあわずに暮らせている、家族が元気でいてくれている、ちょっとおいしいものが食べられた、自分と仲よくしてくれる友だちがいる……もともと、十分なくらいええことはあるんです。

つまり、「うまくいかないなあ」と思っているときは、**自分の中で「一番目や二番目のうまくいってほしいこと」だけが、うまくいっていないだけ**ってこともよくあります。

そこに心を奪われすぎると、家族や身近な人に八つ当たりしてしまったり、心ここにあらずになって簡単なミスを繰り返したり……ということになります。

どうしても心が落ち着かないなら、自分は何をそんなに気にしてるのか考えてみてください。紙にでも書いてみましょう。

「なんでそんなに気になってるんや？」「本当はどうしたいんや？」と、原因をちょっとずつ掘り下げてみて、客観的な目線を入れるのも手ですな。

いっぺんに状況が変わるわけではないですけど、「ああ、だからこんなに気持ちが落ち着かないんやな」とわかると、ちょっとスッキリします。

スッキリすると、「そうは言うても、やることはやらないといかんな」と目線を切り替えやすくなりますわ。そうやっていくうちに、自分なりの乗り越え方がわかるようになってくるもんです。

20

夜の仕事は、「よく眠る」こと。確実に起きることがわかっていることだけ、手を打てばいい。「それ以外は知らん」でいい。

心を平静に保っていくもう一つのコツは、「仕事のとき以外は、仕事のことは考えない」ことやと思います。

仕事が終わってからも仕事のことばっかり考えてしまう。それで大きいストレスを抱えている人がほんまに多いようです。

仕事をしていないときは、仕事のことは考えんようにしてください。

それができないから困るんやと言われるかもしれませんけど（笑）、**今考えるべきことと、そうでもないことをしっかり区別して、切り離す**特訓をしていきましょう。

いろいろ忙しくて「あれもやってない」「これもやらなきゃ」と焦りが出てきたときは、「ほんまにそんな考えないかんこと？」「ほんまに今やらないかん仕事なの？」と、自問自答してみてください。

仕事に限った話ではありません。

先々のことを想定して準備をすることはたしかに大事なことかもしれへん。けど、「今はどうしようもできない」ことを、今どうしようとしても仕方ないんですわ。

確実に起きることがわかっているんであれば、事前に対策をすればええ。それはたくさん頭を使って、人に聞いたり、自分で工夫したりしながら手を打っていきましょう。でも、それ以外の「起きるかどうかわからないこと」は、知らんと決め込んで、しれっとしてればええんです。

乱暴に聞こえるかもしれへんけど、本来はそれくらいでちょうどええんではないでしょうか。

これは、基本的には習慣づけやと思います。**家に帰ってきてから眠るまでのパターンをつくってみてください。**

私は家に帰ったら、テレビのドラマを観たりしながらちょっとお酒を飲んで、ご飯食べて休憩して、それから風呂に入ってさっさと寝てしまいます。お酒も、ワイン1~2杯ぐらいとかビール1本ぐらい、ちょっと気分をほぐれるくらいの量で飲みます。

たとえ大きな心配事があったとしても、「明日、眼が覚めてから考えよう」って思って寝ることにしてますわ。

夜に疲れた頭でいくら考えても、ええ考えって浮かんできませんからね。でも、ぐっすり寝て起きたら、頭の疲れも取れるし、気持ちもだいたいスッキリしてます。

やっぱり人間寝ないとあきません。スッキリした頭で物事を考えたら、また新しいアイデアが湧きますし、物の見方も変わったりします。

そもそも、何かに悩んでいるときは、1のことを10にも20にも大げさに考えていることが多いんですわ。

自分で勝手にスケールを大きくしてしまっているけど、まわりからするとぜんぜん大したことがなかったりする。いわゆる被害妄想ってやつですな。

そういうときは、「考えるのはストップ！」と自分に号令かけて、気軽にテレビでもつけてみたらええ。私は好きな時代劇や旅の番組をいっぱいビデオに撮りだめしているから、それらを夜は存分に楽しんでますな。

アルコールも飲みすぎたら毒になるけど、グラス1杯か2杯ぐらい飲むのは、気分をほぐすのにええ薬やと思います。

どうしようもならんことを延々と悩むのは、自分を追い詰めてしまう悪い原因です。とにかく家に帰ったら頭も心も家庭用に切り替えて、気持ちよく寝るに限ります。

21

「自信がない」は、悪いことじゃない。急ごしらえの自信が、いちばん危ない。

最近は、「自分に自信がない」という人が多いようです。西洋的な考え方の影響なんでしょうか。自信を持つことが大事やとか世間では言ったりしますけど、私は「ほんまにそうやろか？」と思います。自信というのは、できないことが一つできると一つだけ増えるもの。たとえば試験でうまくいったり、仕事がうまいこといったり、そんなこんなの積み重ねで、時間をかけながらちょっとずつ、なんとなくできていくもんです。

残念やけど、ちょっとやそっと「考え方を変えましょう」でうまくいくようなものではないんですわ。

だから無理やり自信をつけようとしたって、そんなうまくはいきません。

むしろ、もともと持っている考え方を無理に変えようとすると「なんで自分はこんなに自信が持てないんやろか?」とかえってしんどい思いをしたり、余計な力が入りすぎて、空回りしたりしますやろ。あんまりいいことがないと思います。

ハッキリ言ってしまえば、自信というのは持とうと思って持てるもんやないんです。

そしてそもそも、「自信があるから悩まない」ということも、ないと思うんですわ。

往々にして人生には流れというもんがあります。一時はうまくいって自信にあふれていても、何年かあとには「あれ、なんだかうまくいかへん」と、ガックリするときもきます。

人間なんていうのはそういうもんなんです。

自信のある・なしは、ゆるがないものではなく、たゆたっていくもんなんです。絶対的なものなんてありません。

たとえばスポーツ選手も、インタビューで自信たっぷりなことを言ったりするみたいやけど、それは「大きいことを言ってプレッシャーをかけたほうががんばれるタイプ」なんであって、実際のところはわかりませんわ。

それを、「プレッシャーを負担に感じるタイプ」の人がマネしたらやっぱりおかしなことになっていくんです。人はそれぞれ、もともと持っているものがあるんやから、それを無視したらいけません。

ちなみに私自身、自信があるかないかで言うたら、「よくわかりません」わ（笑）。できることもあるけども、できないこともたくさんあります。

まあでも、今さら自分を変えられるわけでもなし。そこにいいも悪いもないと思ってますわ。

せやから大事なことは、自信をつけることよりも自分の性格だったり好き嫌いだったりをちゃんと把握しておくことやないかしら？

たとえば、いろいろ気にしがちな人は大きく振る舞うことは苦手やけど、細かいところに目がいきます。反対に、図太い人は細かいところが苦手やけど、開放的で楽しい話ができたりします。

そんなように、自分のことをそれなりに理解しておいて、「これは得意」「これは苦手」を自分に正直にハッキリさせとくことでしょうね。

得意なことは大いにやればええし、苦手なことは無理してやらんでええと思います。

できないけど、どうしてもやらないかんことであれば、「最低限」だけ勉強してみるとか、それくらいでええんやないでしょうか。

私も、10年くらい前に手書きのカルテが電子カルテに変わったタイミングがあったんやけど、80歳近くになってパソコンなんてさわったことがありませんでした。

「こら困ったことになったわあ」と思いながら、パソコン教室に通ったり、まわりの看護師さんに手伝ってもらったりしながら、最低限のことだけようやくできるようになりました。

今でも「わからへん、助けて〜」って大声で言うと、看護師さんが飛んできて助けてくれますわ(笑)。

そんなように、世の中は変わっていくもんやから、できることもできないこともあってあたりまえです。

完ぺきな人も、完ぺきなものも、ないんです。自分を含め、絶対的なものなんてないんやと、最初から思っておくことが新しい波をうまいことくぐっていくコツでしょう。

わからないことは「私、わかりません。すみません、教えてください」

知らないことは「私、知りません。勉強しますから教えてください」

できないことは、「できません。やり方教えてください」

と、素直に言える人のほうが私は生きやすいと思います。必要以上に自分を大きく見せる必要はありません。

「それはできないから、助けてちょうだい」「私には無理やから、ちょっと手伝ってくれへんやろか？」と、お互い持ちつ持たれつでやっていくのが人間社会です。

自信のある・なしの前に、素直でいること。これが、心穏やかに生きていくには大切なことでしょう。

22

悲しいことやショックなことから立ち直るためには、アドバイスではなく、「日にち薬」が必要。

ときどき「あの人のことを考えると、怒りが湧いてきてどうしようもなくなる」とか、「昔にあったイヤな思い出が浮かんできて、悔しくて悲しくて何も手につかなくなる」といった相談を受けることがあります。

イヤなこと、特に怒りや悔しさは、心の中にしつこく残りやすいもんです。せやから、それに翻弄《ほんろう》されてしまうということはあるでしょう。

でもね、イヤなことや苦しいことは生きてたらナンボでもあります。悲しいことだって起こります。

その中で、それを何度も思い出してイライラしたり落ち込んだりしていても、仕方ない。過去は変えることはできない。消すこともできないんです。自分で切り開いていくしかありません。

……と、「わかってはいるけれど、そうできないんや」と思うかもしれません。

たとえば、イヤなことや悔しいことの記憶が鮮明で、ショックが強くて、どうしようもなく心が動揺してしまう、無茶苦茶に心が落ち込んで何も手につかない、という重症な人には、もちろん安定剤や薬を使って紛らわすこともあります。

でも、薬の力でその思い出を完全に消し去ったり、過去をなかったことにすることはできません。

結局は、少しずつ、ちょっとずつその思い出や記憶を薄めていくしかないんです。

私の経験から言わしてもらうと、**ウジウジとあれこれ考えないようにするには、暇をつくらないことに限ります。**

仕事を増やしすぎるとしんどいかもしらんから、習い事でも運動でも、楽しいことをやってみるとええと思います。人と楽しくおしゃべりする時間が好きやったら、どんどん増やしてみればええ。

いろんな人間関係を広めてみて、知らなかった世界を見てみて、別の刺激を与えていくことで、自分の中でこだわっていることを思い出しにくくなっていくと思います。

何より、記憶に振り回されないためのいちばんの薬は「日にち薬」です。

即効性はないけども、じわじわ〜っとよ〜く効いていきます。

元気で生きていられる時間は限られているんやから、過去のために使ったらあきません。

23

人と比べたくなるのは仕方ない。でも、どんな元気そうな人でも悩んでいない人はいないことを知る。

「比べる」というのは、いい面も悪い面もあるもんです。

人と比べることで、負けないようにがんばろうと思えることもあります。

一方で、比べることで人がうらやましくなったり、なんで自分ばっかりこんな不幸なんやと感じたりすることもあります。

その点でいくと、最近は比べることは悪いほうに働いていることが多いのかもしれませんなあ。

外来で話を聞いていると、まわりの人と自分を比べて落ち込んだり、焦ったり、嫉妬をしたりして、苦しみを増やしている人がいます。

そもそも比べてしまうのは、育った家庭環境、学校や仕事の環境、時代、いろんな要因があるもんです。

せやから、比べてしまうこと自体、ある程度は仕方ありません。料理屋さんにいって、他のテーブルの料理が気になるのと同じようなもんですな。目に入ってきて「あれおいしそうやなあ。ええなあ」と思うのは仕方ない。

せやから「比べてはいけない」と考えるのではなく、「ついつい比べてしまうもんなんや」という前提の上で、「比べなくてええこと」を自分の中でしっかり線引きしておくことが重要やろね。

そもそもの話、どんなに恵まれているように見える人でも、どんなに優秀で活躍している人であっても、必ずその人なりの悩みや苦しみを抱えているもんですわ。

「あの人はええなあ」と憧れる「あの人」と同じ状況に置かれたとしても、

また種類の違う悩みや苦しみは出てきます。もしかしたら、「悩みのタネの総量」で言えば、今以上の苦しみや悩みになるかもしれません。

大きな会社の社長さんも患者さんとして診てきましたけど、会社がどれだけ儲かっていても、みんな心の中はしんどいんです。

社員やその家族を養っていかないといけない重い責任があるのはもちろん、会社の売上、人の問題、誰にも相談できない孤独や不安をいっぱい抱えてはります。

他にも、いい子どもや旦那さんに恵まれてなんの不自由もなさそうなきれいなご婦人が、近所の奥さん連中に嫉妬されて仲間外れにされて不眠になってしまったり、お金持ちの家に嫁いでも嫁姑問題に悩んでうつになったりする。そんな人たちもたくさん診てきました。

一見たくさんのきらびやかなものや素敵なことに囲まれているように見える人でも……というより、そんな人ほど多くの責任や立場、人間関係にがん

じがらめになって、傍《はた》から見るよりもはるかにしんどい思いをしていること
も多いもんですわ。
つまりね、どこへ行ってもいっしょ。何になろうともいっしょなんです。
どんな立場になったとしても、生きる上での苦しみや悩みはついて回りま
す。そのしんどさに上も下もありゃしません。
だからね、自分と人とを比べて落ち込んだり、うらやんだりしても意味が
ない。まったくムダなエネルギーですわ。
「私もしんどくて大変やけど、あんたもきっとしんどいんやろうな。もしか
したら私よりもっと大変かもしれへんな」
そんなふうに思うようにしてみてください。
それぞれいろいろ大変なんやけど、そう見えない人は、試行錯誤の中でな
んとなく折り合いをつけている人なんやと思います。
一見強そうに見えるけど、大変なときは大変なんです。

ただ、試行錯誤していく中で、「なんでそんなに悩むんやろか?」「これはそんなに気にすることやろうか?」と、冷静になっていくんでしょうな。

「何か問題が起きるのは持って生まれたもんやからしゃあない」と腹を決めて、いちいち悩んでたらキリがない。「目の前のことだけやっていこ」と、思い悩むエネルギーを別のところに使っていけるようになるんです。

職場や家庭の問題も、突き詰めるとそんなに大したことはありません。前向きに、気楽にですわ。

24

がんばらなくてはいけないときは、そのうちくる。だから、そうでないときは必要以上にがんばらない。

長く働いていると、ときには身の丈を超えるような大きな仕事や役割を頼まれることもあるかもしれません。

私自身も、「これは自分ではちょっと無理やないかしら？」と思う仕事を頼まれることがときどきありました。

これは無理やと思うことは断わりましたけど、「できるかな〜どうしようかなあ〜」と迷うときは、「まずは引き受けてみて、やってみよか。ダメだったらそのときに考えよう」といった感じで、楽観的に引き受けてきたと思います。

「やろうかどうか迷う」くらいのときは、やってみたらなんとかなることが多いなあっていうのが私の印象です。

ずいぶん昔の話やけど、私が精神科医になったころは政府がどんどん全国に精神病院を増やしていった時期でした。

もともと少なかった精神病院が戦争で焼けてしまって、患者さんたちは家の奥の物置だったり、納屋につくられた座敷牢に閉じ込められたり、悲惨な人生を強いられてたんです。

私は、そういう患者さんを病院に集めるという仕事もしとって、多いときには80人ぐらいの主治医をしていた時期もありました。

もう限界かしら？　と思いながらも、やってみればなんとかなりました。

もちろん、無理なときはすぐにSOSを出しましたけどな。もう無理や～と思ったら、助けを頼めばええんです。

70歳のときには診療所の管理医師の仕事も頼まれてしまって、この歳でいつまで続けられるんかなあと思ってましたけど、結局そのあと7年間続きました。

でもね、私は人生で厳しいことを己に課していたわけやありません。歯を食いしばっていたんやなくて、「今日はこのくらいならできるやろか」と、その日その日でできることを積み重ねていただけですわ。

それと、「ちょっと無理かなあ、どうしようかなあ？」と思うとき、判断する大事なポイントは自分が健康で元気でいるかでしょう。

しっかり寝て、食べて、人間関係もそこそこ落ち着いていて、己が精神的にも身体的にもできるだけ安定していることが大事です。

元気なときには、ちょっとチャレンジする仕事を引き受けてもなんとかなることが多いと思います。でも、反対もしかり。**身体や心がしんどいときに、それ以上負担をかけるようなことをしたらいかん。**

メンツとか、ちょっと人よりお金がもらえるとか、そんなことのために自分を犠牲にするのはどうなんやろうか。

自分が元気やなかったら、何も始まりません。こんなに物にも食べ物にも恵まれた平和な時代やのに、睡眠が不足したり食事が極端に偏ってしまって不健康な人が多すぎます。

しっかりと眠って、体にいい食事をとって、己の心と身体の基盤を整える。それが、すべての源です。

何を食べたらいいとかあるけど、なんでもほどほど。ご飯の量も、野菜の量も、お酒も、ほどほど。ほどほどにしていると、不思議なもんで「もっと食べたい」「もっと飲みたい」という欲求も湧かなくなります。

身体の声にちゃんと耳を傾けてみてください。仕事をがんばるのは、そのあとですわ。

コラム

Episode

4

「結婚、出産、専業主婦、そして思わぬ復職」

奈良医科大学の精神科に入って5年ぐらい経ったころ、恒子先生は友人の医師にすすめられてお見合いをしました。27歳のときです。

実はそのとき、恒子先生は働くことに疲れが出ていたと言います。というのも、師の金子先生が別の大学に移ったのをきっかけに、一緒に働いていた医局員たちも散り散りに。医局の内部もガラリと変わってしまったのです（当時の大学病院はまさに「白い巨塔」の世界で、教授が変わると助教授、講師が総入れ替えとなりました）。

「なんだか変わってしまった……」そんな喪失感を味わっていたときの、お見合い話でした。相手は2歳年上の耳鼻科医の男性。

その名は、中村三雄氏。小柄で純朴な恒子先生を一目で気に入ったようで、「ぜひに」と求婚されます。いい人そうやなあ……と恒子先生もいい印象を持ち、「そんなに望んでもらえるならば」と結婚を承諾しました。

「恋愛感情というより、好感って感じやった。この人と結婚して、家族でハイキングや山登りに行ったら楽しいやろうなと、そんなイメージで結婚を決心しました」

加えて、先生にはそろそろ結婚したいという気持ちもあったと言います。まわりの先輩医師から「精神科医たるもの、結婚や子育ての経験をしとかないと、老若男女の悩みの相談には乗れないよ」と言われ続けていたのです。

そうしたこともあり、簡単な式を挙げて始まった新生活……ほどなくして、先生は夫が無類の酒好きであることを知ることになります。

「まあ、とにかくよく飲み歩く人でした。耳鼻科医としてはまじめに仕事をする人やったけど、仕事が終わると大勢の飲み仲間と大阪の街を毎日のようにしょっちゅう飲み歩く。まあ、私はウブやったので、男の人ってそんなもんかと初めは軽く考えていたんやけど……」

結婚の翌年、先生は第1子を妊娠。1957（昭和32）年に長男を無事出産し、仕事を一時中断します。

先生にとって初めての、「仕事をしない日々」がスタートしました。

専業主婦生活は、働きづめだった恒子先生にとっては非常に心地よかったようです。子どもを育てながら、近所の同い年ぐらいの子どもを持つ母親同士で買い物に行ったり、食事を一緒につくったり。

2年後には次男も生まれ、ますます育児に専念するようになります。

「私はどうしても医師になりたいって情熱で医者になったわけやなかったから、子育てをこうしてやっていくのも悪くないなあって思ってました。子育てがひと段落したら、パートでどこかの病院に勤めようかなって、のんびり考えてたんですわ」

……ところが、日本が豊かになるにつれ、精神科医療への国策も手厚くなり、精神病院が全国でどんどん建設され、精神科医が不足していきました。

そして、先生にも「週1日でも2日でもいいから、出てきてほしい」と以前の勤め先から連絡が来るようになったのです。

「どうしよう……手伝ってあげたいけど、子どもはまだ小さいし……」先生が悩んでいたところ、思わぬところから手が差し伸べられてきました。

尾道に住んでいる先生の両親が、大阪へ出て同居しようと言うのです。

「せっかく苦労して医者になったんだから、家に引っ込んでいてはもったいない。働いて世の中のために役立ちなさい」

両親からはあまり愛情をかけられた記憶のなかった先生は、この申し出に驚いたと言います。

「今から考えると、そのとき両親は恐らく大阪に来たかったんでしょうなあ(笑)。溺愛《できあい》していた弟たちが徳島と東京の大学へ入っていたし、父親が仕事を定年退職していたので時間を持て余していたんやと思います」

出産後、仕事に復帰したころの恒子先生

思わぬ形で復職を後押しされ、夫も「働いたら？　僕はご両親と同居してもいいから」と言うのです。

こうして四方八方から医師に復帰することをせっつかれる形で、恒子先生は１９６３（昭和38）年、信貴山《しぎさん》のふもとの精神病院に常勤医として復職することになったのです。

しかし、これが先生にとっては人生でもっとも大変な日々の始まりだったのです……。

〈エピソード5につづく〉

第5章

あれやこれやを、両立していくには

25

仕事の質は、中途半端で大いに結構。手抜きしてもいいから、途中で投げ出さないことがいちばん大事。

仕事と家庭の両立は、多くの人にとって大事なテーマです。ひと昔まえに比べたらずいぶんと職場の環境も、男女の考え方も変わってきてると思います。とはいっても、現実はなかなか難しくて、苦労している人は多いみたいやね。

子どもが小さいときは自分の時間もたくさん取られるし、自分の仕事での活躍も制限されることが多々あります。

何ごとも、自分の思い描いているレベルより下回ることが多いしね。

話を聞いていると、

「任されている仕事が自分の理想どおりにできず、同僚に比べて遅れをとることがよくある。子どもの熱や突発的な用事で職場に迷惑かけることもしょっちゅうある。なのに子育ての面では、他のお母さんたちに比べると手の込んだこともできないし、きめ細かくめんどうを見てやることはできない」

そんなふうに思い悩んでいる人が何人もいますわ。

自分の理想があるのに、それにまったく到達できてなくて、自信をなくしたり、イライラしたり。まじめで、責任感のある人にはつらいでしょう。

でも私は思うんやけど、**なぜ、理想どおりでないといけないんやろか？**

それは、誰のためなんやろか？

中途半端でええんですよ。

そもそも、完ぺきなんていうものは世の中にはないもんです。一見完ぺきそうに見えることだって、よくよく話を聞くとイメージと全然違った！　そんなことは、いくらでもあります。

結婚するパートナーについてもそうでしょうし、仕事もそう、それにまつわるあらゆる人間関係も同じです。どんなに素晴らしく見えることでも、ふたを開けてみたら何が飛び出てくるかわかりません（笑）。

誰もが人には言えないような事情を抱えてるんですわ。

それやったら、万事が理想どおりにいくことはないんやとあきらめて、「では、それなりにうまくやっていくにはどうすればええんやろうか？」と切り替えたもん勝ちやと思います。

私自身の話でいくと、長男が生まれて次男が5歳になるまでは専業主婦をしていたことがありました。

そのときは育児はほぼ自分の思う形でできたし、平均点以上は取れたかなという感覚があります。

仕事に大きなこだわりがあるわけでもなし、このまま専業主婦をしばらく続けるのもええなあと思ったりもしてました。

でも、病院からは人手が足らんから復帰してくれと急かされ、挙句の果てには郷里の父と母まで「同居してやるから働きなさい」と言い出して、半ば押し出される形で仕事に復帰することになったんですわ。

それでいざ仕事に復帰してみたら、仕事が山のように降ってきて、そうすると子どもの世話は父母が取り仕切るようになり、理想とはほど遠い状況でした。

なんでこんなことに、と心底思いましたけども、だからといって状況はすぐには変えられません。

では、何ができるだろうと考えたときに、「両方とも投げ出さない」ことでした。家庭のことはそれなりにして、仕事もやめない。

自分のできる範囲でやっていこう。というか、それしかでけへんと、ある意味開き直ることにしたんです。

振り返ると、平均点を取れるかどうかギリギリのところも多々あったんやと思いますけど、最悪、赤点を避けられればええか。そんな感覚で、「状況に合わせて試行錯誤すること」を考えるようになりました。

完ぺきを目指して挫折するよりも、不細工な形でも続けていくことのほうが大事なんやないかと私は思います。

「ここだけは超えたらアカン」という一線を一応決めておいて、それを下回らないようにがんばる。下回らなければ、中途半端でもええ。そんなふうに切り替えてみると、あとは、「なるようになっていく」もんです。

26

家庭の平和が、何においてもいちばん。それさえ守れれば、あとはぼちぼちで。

私が働く上で心がけてきたことは、「家庭の平和」です。

いざこざがあったり雰囲気がギクシャクしていたりすると、子どもたちの精神状態は確実に悪くなります。

夫婦ゲンカが絶えない家、家族の中で嫁姑が激しくいがみ合っている家など、家族の間の緊張度が高い家庭の子どもは、学校へ行かなくなってしまったり、非行に走ってしまったり、精神的な問題が出やすい。

これは、昔から変わらんのです。

特に大事なのは母親で、お母さんが安定していないと、もろに子どもの精神状態に影響が出てしまいます。

私も結婚して子どもができましたけども、そうなったら己が思うようにならないことがあっても、子どものために家庭の平和を第一に考えようと思いました。

しょうもないことでなんやかんやと言い争うことなく、家庭の雰囲気を穏やかにすることですわ。

何よりこれは、子どものためだけやない、親のためにも必要なことです。子どもが病気になったり非行に走ったりしたら、気もそぞろになって、それこそ仕事どころやなくなってしまいます。

親の都合で子どもの心を乱したら、それはぜんぶ、親に跳ね返ってくるもんなんです。

何回も言いますけども（笑）、我が家の夫は飲み歩いて散財する人でしたから、生活費は自分で働いて稼ぐ必要がありました。

ただ、なかなかまわりの理解も得られませんでしたし、買い物するお店も暗くなれば閉まってしまう時代ですから、まあ不便です。

医者の旦那さんがいるのに、なんでこんなことになったんやろうかと情けなくなったこともあったけど、不思議なもんやね。

他に選択肢がなくなって、やるしかならなくなれば、なんとかなる。人間っていうのは、そういうもんやと思いますな。

いろいろ選択肢があると他の道が気になってしまうけども、「これしかない」となると、意外とやれてしまう。それくらいに人は強いんやと考えておくと、気もちょっとはラクになるでしょう。

そうは言うても、子育ては大変。今はシングルマザーの多い時代ですから、特に子どもが小さいうちは仕事と家庭の両立には苦労するやろうと思います。患者さんや職場の若い女性と話をしていてもそう思います。

「自分はこんなにがんばっているのに、なんで思うようにならないいんやろ？」と家庭のことがわずらわしくなることもあるやろうけど、そういうときは、あきらめられるとこは、どんどんあきらめたらええ。

子育ても家庭も、中途半端でええんです。「ぼちぼち」ってことやね。

よその家庭はこうやから、世間では普通こうやからと、ヘタに比べるもんやなくて、「うちはこうやから、仕方ないいんや」と開き直ってしまうことが肝心です。

よくないのは、「なんで自分だけ」とイライラがたまって、それを子どもにぶつけてしまうことです。それは、ぜんぶ自分に返ってきてしまう。それを覚えておくと、優先順位のつけ方も変わってきますわな。

完ぺきでありたいっちゅうのは、親側の勝手な都合なんです。子どもの幸せにはまったく関係ないもんです。

理想だけ高くして、あれができない、これができないと悩むよりも、**親が**

ニコニコ笑って機嫌よく子どものそばにいてあげるほうが、よっぽど子どもの成長には大切なことです。

あれやこれやしてあげられなくても、親が精いっぱいの愛情とともに見守ってくれていることを感じられると、子どもは安心してがんばることができるんですから。

そもそも、子育ては永遠に続くわけではありません。しんどいときもあるかもしれへんけど、子育てが終わったあとの人生も長く、おもしろいもんです。

それを楽しみにしておくのもええんやないでしょうか。

27

人生に辛抱する期間はつきもの。ラクに辛抱できる方法を考える。

子どものためにも、働く上でも、生活していくためにも、家庭の平和がいちばんやと言いました。

問題のある夫やったけども、それでも絶対に離婚はせんでおこうと決めていました。

これは、時代もありますわな。シングルマザー、シングルファザーは今はめずらしくない時代やけど、昔の日本ではそうはいかん。一人親に対しては世間からの風当たりは強かったし、「あの子の家は問題があるに違いない」って、子どもにも不利なことがあったんです。

そんなことで、「離婚はしない」と決めました。

でも、ひたすらがまんするのはつらい。このつらさが一生続くと思うと
ゾッとします（笑）。そこで、こんなふうに考えてみたんです。

「2人の子どもの結婚式で、夫と2人で並んであいさつするまでは夫婦でいること」

と、ハッキリとしたゴールを決めたんですわ。

そうやって期限を決めてみると、夫婦関係・家庭生活に起きる危機も、

「まあもうちょっとやし」「終わりがあることやし」と乗り越えていけるようになった気がします。

とはいえ、今離婚を考えている人は同じように目標を持ちなさい、という話じゃありません。

今は家庭も自由やし、おじいちゃんやおばあちゃんも孫のめんどうを見た

がるでしょうから、離婚しないほうがええとは思うけど、別れてやむなしの場合もあるでしょう。それは、状況によりけりです。

私が言いたいのは、夫婦関係だけではなく、辛抱が必要なときは、ゴールや期限を決めてみたらどうやということです。

先が決まっていると思うと、つらい・しんどいと感じていたことが、少しラクになってきます。

生活になんの目標もないと、ついダラダラしてしまうけども、「今日はこれをする」と決めるとメリハリがついてくる。それと同じですわな。

人生に辛抱はつきもの。できるだけ避けたいけど、己だけの問題ではないので、どうなるかわかりません。そう考えたら、**「辛抱しない方法」ではなくて、「同じ辛抱でも、いかにラクにできるか」**を考えるのがおすすめです。

私の場合は、家庭は家庭で辛抱するとして、一方の職場ではできるだけ快適でいようと考えました。

看護師さんでも事務の人でも、「この人と気が合うな」と思ったら年齢も立場も関係なく仲よく付き合いました。

よく仕事の合間にお互いの旦那の悪口を言い合ってストレス発散したものです。子どもが成長して手がかからなくなってくると、職場の仲間と登山に行ったりして気分転換してましたな。

なんやかんや、職場の人と仲がいいと居場所ができます。居場所ができると、家庭のストレスから離れてどんどん働きやすくなってくる。仕事を休息の場に変えることもできるんです。

その意味では、職場の人と仕事を抜きにして遊びにいくのは大いにおすすめしたいことです。仕事では見られない素の顔を出す人もいるし、仲よしになれるきっかけがたくさんあります。

好き好きはあるでしょうが、ヘタしたら1日のうちいちばん長い時間を職場にいるわけで、どうせなら気持ちよく仕事をしたほうがええ。結局、人間関係がええというのが、心の快適さの大部分を占めると思います。

そんなこんなで数十年、「2人の子どもの結婚式で、夫と2人で並んであいさつするまでは夫婦でいること」というゴールは、達成することができました。

決めたときは、即別れてやろうと思ってましたけど、達成したときには夫も歳をとって性格も丸くなって、酒の量も減って大人しくなってましたから、「もう離婚せんでもええか、めんどくさいしなあ」という心境に変わってましたわ（笑）。

そんな経験も、ときが過ぎれば話のタネになります。

28

人を育てることは、結果的に、自分を育てることになる。

私は精神科医という仕事を一生の仕事にしようと思ったときに、多くの先輩から「精神科医は結婚や子育てを経験しておいたほうがええで」と何回も言われました。

せやから結婚して子どもを産んだんやけど、私の感想としては、やっぱり経験しておいてよかったなあと思います。

なんにもできない小さな赤ん坊を一人前の大人に育て上げることは一筋縄ではいかないし、その過程で親にも多くの課題が訪れます。

思いどおりにいかないことばかりやし、思わぬアクシデントもある、腹が立つことも、不安になることもある。自分のやりたいことになかなか時間を割けないこともあるでしょう。

そんな中で己の感情や体調、また家族やまわりの人とどうやって付き合っていくか、その術《すべ》を学べたと思います。親もたくさんの経験をして、どんどん人間として成長していくんです。

それが、仕事やその後の人生で大いに役に立つわけです。

つまり人間というのは、「人を育てる」ことで、自分自身を育てていくんやと思います。

たとえば、人は口先だけで注意しても言っても動きません。真剣に腹の底から出した言葉やないと、心には響かんし、行動も変わらへんのです。

何より、人に注意したことが自分でできてへんというのは、よくないですわ。子どもも、大人の行動や本心をぜんぶ見抜いてます。だから、彼らを変えるにはまず自分が変わらんといけません。

そんなふうに、人を育てていくことで自分の人間としてのあり方にも気づいていくようになるんです。

基本的な原理原則というのは、大人相手でも子ども相手でも変わらへんと思います。

自分の人生を大切にしたいから子どもはつくらないとか、責任を負いたくないから部下を持ちたくないとか、いろんな考え方がありますけども、私は人を育てるというのはええ経験やと思います。

特に子どもの場合は、力の入れ方がやっぱり違いますから、学び云々《うんぬん》の前にたくさんの楽しみや喜びがありますわ。

泣くことしかできなかった赤ん坊が、一人で立てるようになって、言葉を話すようになって、学校に入学して、思春期を迎えてやがて大人になっていく。

その一つひとつの過程は、どんなドラマや映画よりも感動的です。

自分自身も、そうして大人になったんやと、いろいろなことに感じ入ることも多くなるんやないかと思います。

その過程で、自分自身が一人前として成長していくもんです。人を育てるというのは、自分を育てること。

これにはいろいろ反論もあるかもしれへんけども、個人的には健康で子どもを産める環境にある人には、ぜひ子どもを育ててみてもらいたいなあと思います。

29

子を育てるために必要なのは、テクニックよりも、一つの行動。

また子育ての話になりますけども、まあ、女性からの子育ての悩みは本当に多いです。

でも、よくよく聞いてみると、彼女たちが気にしているのは子どものことやなかったりします。

親としての見栄とか、世間的な体裁とか、実際はそんなんが多いんです。よその家では何をしてるだとか、他の子に比べてうちの子どもはどうとか、子ども自身を真正面から見ていないことがあります。

私なりの考え方を言わせてもらえば、子育ては世間の人のやり方に合わせる必要はないと思っています。子どもの将来のためを思って、何歳までに何を学ばせたいとかいうこともあるでしょうけど、それは二の次。

いちばん大事なのは、心から子どもの幸せのために、親が真剣に考えて行動しているか否か。それだけやと思います。

その覚悟は、子どもに愛情として伝わります。

時間がなくて忙しかったとしても、「あんたたちのことをいつも気にかけているよ」ということを、常になんらかの形で伝えていれば子どもはちゃんと受け取ってくれるもんなんです。

不細工でも品数が少なくてもいいから、手料理ができるときは料理をつくる。できるだけそばにいてあげて、子どもが相談してきたときは、真剣に聞いてやる。子どもを子ども扱いせず、「あんたはどうしたいの？　どう考えているの？」って一緒に考えながら話す。

そんなことの積み重ねです。

不思議なことに子どもっていうのは、形式やなくて、親が本当に自分のためを思ってやってくれているかどうかっていう本質で愛情を感じるんやね。**どんなに手間暇をかけたり、お金をかけたりして立派なことをしてやっていても、親の見栄や付き合いのためにやっていることは、すぐ見抜かれる。**

外来の患者さんで、「子どもが言うことを聞いてくれない」「あんなに苦労していろんなことをしてやったのに、思うように動いてくれない」「親不孝や」とかグチをさんざん並べ立てるお母さんほど、たいてい子どもにそれを見抜かれていることが多いんですわ。

ちょっと厳しいことを言いますけど、「そんな子どもを育てたのは、誰なんや」という話です。人は、子どもに頼まれて子どもを産むわけではありません。私たちが勝手に産むんです。

そのことを忘れずに愛情を注いでいかないと、結局自分のところに大きなしっぺ返しがきます。

これは、仕事でも同じことが言えることかもしれませんね。社長さんをしていて、社員が動いてくれないと嘆きそうになったなら、そんな会社にしたのは誰なんや。転職がうまくいかなくて、思いどおりの仕事ができないのなら、そんなふうに働いてきたのは誰なんや。

そんなふうに、人のせいにしないという覚悟が、人を一段と大きくしてくれるんではないでしょうか。

己の人生、己に責任を持つということが、自分らしく生きるかどうかということに、最終的に必要になってくるんやろうと思います。

30

人の巣立ちをじゃましてはいけない。1から10までめんどうを見ると、成長は止まってしまう。

人には、巣立つときがやってきます。

子どもで言えば、たいていの子は中学ぐらいには思春期に入り、だんだんと親離れを始めて、20歳前後で自立していきます。

仕事も同じようなもんで、新人で入ってきた人も何年か経てばだんだんと自分の裁量で仕事をしていくようになって、言われたことをやるだけではなく、自分なりの意見ややり方を持つようになっていく。

それが、自然の流れです。

でも、最近はなかなかこの巣立ちがうまくいっていないことが多いように思います。

親がかかわるべきときにしっかり心を込めてかかわっておいてやると、子どもは安心して巣立っていくものなんやけど……。

寂しいから、いつまでも子どもにひっついて手放したくない。いつまでも親の言うことを子どもに聞かそうとする。子どもが成人して結婚してからでも、親として濃密にかかわろうとする。

そんな依存的、支配的な親が、子どもの自立をはばんでいることがことのほか多いみたいですわ。

会社も同じで、我を押しつけたり、私情を挟んだ指導で部下や社員を振り回して疲弊させてしまう人も多い。

社員の行動を一から十まで管理しないと気がすまないというのは、その例かもしれませんな。

そうすると、巣立ちがうまくいかず、いつまで経っても一人前になることができなくなる。子どもの場合は、ヘタしたら引きこもりになったり、拒食症とか心の病を発症したりすることもあります。

もちろん何もできない未熟な時代は、子どもであっても社員であっても、とにかく細やかに愛情かけてめんどうを見ることが大切です。

でもね、**成長とともにぜんぶではなく、ちょっとずつ手放していかないと、人の成長が止まってしまいます。**

子どもの場合でいうと、思春期からは少しずつ子どもの人生と自分の人生の重なりを外していくことが必要なんですわ。

子どもが成人するころには、親の人生と子どもの人生の重なりはすっかりなくなる。親の人生と子どもの人生とはまったく別物になる。

そんな意識を持つと、うまく子離れできると思います。

まったく重なりがなくなるのは、寂しいという意見もあるでしょうな。

でもね、親子なんやから、親子というつながりは残ってますやろ。

私はこれは、橋のようなもんやと思ってます。

子どもの人生と親の人生の輪は完全に離れるけども、そこには橋がかかっていて、ときどき行ったり来たりできる。

「どう、元気？　うまくやってるか？」

と、親はその橋を渡って、たまに遊びに行かせてもらえばいいんです。

ただしノックは必要やね。いくら子どもの人生やからって、土足で無遠慮に踏み込んだらあかん。

それをしっかり認識していたら、子どもがらみの人間関係の悩みはほとんどなくなるんやないでしょうか。

自立した子どもの人生に、親が無遠慮に入りこもうとするからいろいろトラブルが起こってしまうんですわ。

嫁姑問題なんか、それの最たるもんやと思います。

私は今、長男一家と同じ敷地の中で二世帯住宅に住んでますが、日曜日以外はほとんど交流してません。

日曜日だけ一緒にご飯を食べることになっているんやけど、他の日は何か特別に用事がない限り、息子たちの家には行かない。

仕事に朝行って、帰ってきて一人でぼーっと過ごしてます。

結婚した時点で「息子は、お嫁さんにあげた」と思ってますし、お嫁さんは料理もうまいし、家事も上手や。５人の孫も上手に爽やかにのびのびと育ててくれている。

こんなありがたいことはありませんな。

向こうが「ご飯食べましょ」言うて誘ってくれたら「こんにちは」っておじゃまするし、「これ食べてください」って言っておかず持ってきてくれたら、「ありがとうさん」言うてありがたくもらってます。

そのやり方が正解かはぜんぜんわからへんのやけど、「子どもの人生と自

分の人生の輪は完全に離れている」ってことと、「橋」を意識しておくこと
は必要やと思いますな。その橋を、頻繁に渡ろうとしてはいけません。
自分の生活を仕事や趣味で忙しくしておいて、巣立っていった子どもの人
生に入り込もうとしないことが、うまい具合にいく方法やと思います。

31

孤独死、大いに結構。死に方をあれこれ心配してもしょうがない。

世間では孤独死した人がいると、やれ「可哀想」だとか「みじめだ」とかまわりの人が大騒ぎしてますが、私はぜんぜんそんなふうに思いません。

私自身は、孤独死大いに結構やと思ってます。

なぜかというと、孤独死するってことは、誰にも迷惑かけずに死んだってこと。家族に介護の苦労もかけず、病院で医療費も使わず、一人でさっさと死んでいく。

こんなに立派で、スッキリした死に方は他にないのと違うやろか。

だから私は孤独死するのは、まったく怖くありません。

「もし私の姿を数日見なかったら、死んでるかもしれへんから勝手に中に入ってくれてええよ」

といつも長男夫婦にも近所の人にも言ってます（笑）。

89歳になった今、一人でいるときに、いつお迎えがきてもおかしくないと思ってます。

水曜、木曜、金曜、土曜の朝は病院から運転手さんが迎えに来てくれますが、「時間になっても出てこなかったら、たぶん死んでるさかいに、隣の長男の家に行ってくれ」と常々頼んでいます。

人間、生まれてくるのも一人なら、死ぬときも一人。死んだらそれで終わりなんやから、死んでからの評判や見栄や格好を気にしても仕方ないと思います。

死んでからどんなに褒められようがバカにされようが、死んだ本人にはまったく関係ない。何を言われたって聞こえませんからな（笑）。

元気なうちに孤独死のことをあれこれ心配するのはまったくムダやと思ってます。

私が一つだけ気にしているのは、死ぬ間際まで点滴の管や人工呼吸器のチューブやらにつながれて死ぬのはイヤや、ということです。肋骨が折れるほど心臓マッサージされるのも、痛そうでごめんやね（笑）。

そやから私は「絶対に延命はせんといてくれ」と常々長男に言ってます。

「もし倒れているところを発見して、息が少しあってもしばらく放っておいてや。そんなときに病院に運ばれたら、延命処置されてしまうやろ。病院に着いたころにはちょうど死ねるように救急車を呼ぶこと」

これを固く言い渡してます（笑）。

私自身、病棟で自分より年下の患者さんを看取ることもよくあります。

病棟で何年も入院している患者さんとは、「死ぬときどうしてほしいか？」

という話もしているから、本人から「延命せんといてくれ」と頼まれていたら、延命はしないようにしています。

家族にもよ〜く説明して、「ご本人も望んでいたことやし、苦しいことは一切せんと、安らかに人間らしく見送ってあげましょうや」と、できるだけ穏やかに苦しくないように看取ることを心がけています。

そんなことをしてたら、私の看取りは結構人気なんですわ（笑）。

歳が近いこともあるんやろう。自分が主治医でない患者さんからも「看取ってほしい」とご指名をもらうこともあります。

とにかく、始まりがあれば終わりがある。人間生まれたら、必ず死ぬもんなんです。

一人で死のうが、病院で死のうが、人間らしく穏やかに死ねたらそれで十分やと思います。

あれこれ心配して、計画してもしょうがない。最低限のことを家族に頼んでおいて、あとは自然に任せておいたら気楽でいいと思いますなあ。

コラム
Episode
5

「悩み、苦しみ、それでも働き続けねばならない人生最悪の日々」

恒子先生が仕事に復帰したのは、長男5歳、次男2歳とまだまだ手のかかる時期。尾道から上京した両親と同居すべく、新居に引っ越しました。

「実はここからが、我が人生で最悪の毎日のスタートやったんですわ（笑）」

と先生は苦笑いとともに振り返ります。

先生の両親は、子どものめんどうを一切合切見てくれたのですが、一方で家庭の実権も次々と握るようになってしまったのです。

「家のことは自分たちに任せろと言われ、両親はやりたい放題。子どもたちのめんどうはきちんと見てくれましたが、私は子育てからどんどん遠ざけられてしまい、運動会や参観日もみな親が出ていってしまう。おまけに大学生をしていた弟たちもしょっちゅう泊まりにくるようになって……」

恒子先生夫婦の家庭のはずが、いつの間にか生活の主導権を握られてしまっていたのです。

すると当然、夫の機嫌も悪くなり「俺の居場所はトイレだけや」と先生に夜な夜な不満をぶつける日々。そして、ますます外で飲み歩くようになっていったのでした。

「このころからです。私が働いているからとお金のことを気にせずに、飲み歩いては大盤振る舞いするようになったのは……。家のローンや生活費は私の稼ぎでなんとかなるやろと、家計を顧みずに飲むようになりました。

そして私はいつも悪者扱い。夫の親族からも『夫をないがしろにしている』と文句を言われ、それでも仕事は家計を背負っている以上、簡単にやめられへん。精神的にいちばんしんどい毎日やったと思います」

夫と親たちの間で肩身の狭い思いをしながら、精神科医としてフルタイム勤務をする日々。80人近くの患者さんを常時受け持ち、外来診療に病棟勤務に当直にと、先生が仕事に没頭せざるをえない状況に拍車がかかっていきました。

「このとき猛烈に働き、家でも職場でも悩みの種だらけで、でも悩む暇もないくらい働かなあかんという経験を通して、私は精神科医としての根性とノウハウを獲得したのかもしれませんな（笑）。子育てのこと、両親のこと、夫のことなど悩み抜いたそのときの経験が、結局今の診療にも大いに役立ってますから、人生不思議なもんですわ」

こうしてさまざまな葛藤に苦しみながらも両親と同居しつつ、仕事に追われる日々は約10年間続きました。

「次男が中学に入ると、やっと両親が尾道へ帰ると言ってくれました。ほっとして、胸をなでおろしました」

１９７４（昭和49）年、ようやく夫と両親の板挟みになっていた毎日から解放され、家庭と子育てが戻ってきました。

病院内の運動会で患者さんと走る恒子先生

このころには精神科医としての経験も実力もすでに身につけていた先生は、職場でも大いに頼りにされる存在となっていました。

息子2人は思春期真っ盛りですから、仕事が終わるやいなや電車に飛び乗り、商店街で肉屋、魚屋、八百屋を駆け足で回って両手に荷物をいっぱい抱えて帰宅して夕食をつくる。

「いつも職場と家との間を、たくさんの食べ物を抱えて走りながら生活してましたなあ」

と恒子先生は振り返ります。

病院では相変わらず常に60人を超える患者さんの主治医をして診察に追われる日々。当直する日はシチューやカレーを作り置きしておき、朝は当直室から電話をかけてモーニングコールで息子たちを起こします。高校の受験の前日と当直が重なったときには、遅刻しては大変と当直室に泊まらせて病院から送り出したこともありました。

一方、夫は相変わらず飲み歩いており、酔って機嫌が悪くなると、先生や息子たちをつかまえて１時間以上説教するという悪癖も加わるように……これには先生も閉口したと言います。あまりにも説教癖が続いたときには、離婚届を取ってきて突きつけたことも。

「もういいかげんにしないと、別れますから」

「ごめんごめん」

その後しばらくは反省してケーキを買って帰ってきたりして家族の機嫌をとりますが、でも数か月してはまた同じことを繰り返す……恒子先生は、

「もうこの癖は一生治らへん」とあきらめていたそうです。

恒子先生は、「とにかく子どもが2人とも結婚するまで。結婚式で両親並んであいさつするまでは夫婦でいよう」と心に固く決めていました。

先生の家庭生活における大目標は、子どもの健やかな成長でした。子どもの心の安定をいちばん大切にすること。そのためには多少のことはがまんして、家庭の平和を最優先するというポリシーを貫いたのです。

そんな恒子先生の決心が伝わっていたのか、2人の息子は順調に成長し、やがて長男は耳鼻科医師、次男は薬剤師として社会に力強く羽ばたいていったのでした。

そして数年後、恒子先生がずっと思い描いていた「長男、次男の結婚式では夫婦そろってあいさつをする」という大目標を順々に現実にすることができたのでした。


〈エピソード6につづく〉

第６章

「日々たんたん」な生き方

32

難題にぶつかったときも、「大丈夫、きっとなんとかなる」。

終戦から現在まで、幾多の試練を乗り越えながら、それでもたんたんと生きてきた中村恒子先生。

この第6章では、聞き書きをしてきた私、奥田弘美の視点で先生から学んできたことをお伝えしていきたいと思います。

私は恒子先生と同じ精神科医として働いていますが、実はそのきっかけをくれたのも、恒子先生でした。

先生とのそもそもの出会いは、奈良県にある精神病院でした。白衣姿の恒子先生が数人の男性医師に交じって医局のデスクにちょこんと座っていたのを、今でも鮮明に覚えています。

その時期、私は悩んでいました。それまでは当時まだめずらしかったホスピス医を目指してがんばっていたのですが、子どもができたタイミングで職場をやめざるをえなくなりました。育児に悪戦苦闘する中で家族の問題などが重なり、これから医師としてどう働いていこうか、どう生きていこうかと、うつうつとしながら精神病院に併設された老人保健施設でアルバイト医をしていたのです。

そんなある日、恒子先生がふと「奥田先生、精神科医になったら？　先生は精神科医が向いてるで」と言ってくれたのです。

「精神科医？　私が？　なれますやろか？」

「大丈夫、先生は向いているよ。それに子どもを育てながら医者をするなら精神科がええよ。どんな人生の経験もみんな役に立つし、ムダなことはなんにもあらへん。私が院長にかけ合ってあげるから、任しとき」
……と、先生はさっさと院長と話をつけてくれて、私は精神科医に転向することになりました。そして先生の後ろをついて回り……と、その姿をずっと追いかけてきたのです。

コラムの中で詳しく書いてきましたが、恒子先生の人生は波乱に満ちています。

戦中戦後の誰もが余裕のない時代をたった一人で耐え抜き、幾多の苦難を乗り越えて医師となり結婚をするも、家庭の問題と、悩む時間もないほどの激務……。

先生の話を聞くのは、まるで映画を見ているようにドラマティックで興味深く、そしてなぜか「私の悩みなんて小さい小さい。私ももっとがんばらなければ！」と不思議に元気が出てきます。

「**ほとんどの問題は『きっと、なんとかなる！』**」

先生と会って話をすると、まっさきにそんなことを感じるのです。

それは、「自分の悩みなんて大したことないかも？」という拍子抜けするような感覚と、「人生、きっとなんとかなるに違いない」という妙な安心感です。

「とにかくその日その日を生きていれば、人生なんとかなっていくよ」

「お腹いっぱいに食べられて、安全に眠れて、最低限の生活をしていける仕事があるんやったら、きっと大丈夫や」

「ちょっとぐらいうまくいかないことがあっても、気にしない気にしない」

そうした先生の言葉からは、暮らしの中でときおり発生する人と人との感情の行き違いや、自分の思いどおりにならないことへの執着、また、もんもんと悩み憂うつになっている時間……。その時間が、いかに不毛でもったいないか気づかせてくれます。

私たちは、恵まれた時代に生きているからこそ、「悩むほどでもないこと」

18年前、恒子先生と出会ったころ

に執着をし、考えすぎ、不安を大きく、被害者意識を強くしてしまっているのかもしれません。

私自身、人生の壁にぶつかって悲観的になりそうになるたび、「大丈夫、きっとなんとかなる」。

そう言い聞かせることで、不思議と「よし、もう一丁がんばるか！」と大きな勇気を与えてもらっています。

33

他人には他人の人生、自分には自分の人生があることを徹底して線引きしていくと、余計な軋轢《あつれき》も、ストレスも少なくなる。

恒子先生は、小欲の人です。

いつも小ぎれいできちんとした身なりをされていますが、高価なバッグやアクセサリーを身につけていたことは一度もありません。

グルメを追いかけることもなく、お金のかかる趣味も一切なし。

金銭的・物質的に欲がないのはもちろんのこと、約70年近い仕事人生でも、地位や名誉を一度も追いかけたことがなかったようです。

「毎日生活していくのに必死、自分の目の前の仕事をこなすのに必死。えらくなって出世したいとか、ぜいたくして人生を楽しみたいとか考える余裕も甲斐性《かいしょう》もなかったんや（笑）」

そうして自嘲気味に自分の人生を振り返りますが、先生は、自分が最低限必要とするもの以上を決して求めません。

「もっと楽しく充実した毎日を！」
「もっとセンスのいい快適な暮らしを！」
「もっとキャリアをアップして、もっともっと活躍しよう！」

現代社会は、欧米的な資本主義の価値観やシステムにどっぷりと染まり、私たちはその中で、「もっともっと」と、気づかぬうちに煽《あお》られているのかもしれません。

しかしながら、「もっともっと」と思うたびに、人は生活にどこかしらの不満を感じてしまいます。「これでいいのだろうか？」と不安になって落ち着かなくなってしまいます。

たとえば自らを同僚と比べ、友だちと比べ、世間と比べ、「自分にないもの」を見つけては、「あ～自分はまだまだダメだな」と自己嫌悪し、憂うつな気持ちになる。あるいは、「あいつのせい（会社のせい）で、うまくいかない」と他人のせいにしてイライラして憤《いきどお》る。

そのたびに、今現在の人間関係や仕事に不満が増えてストレスがたまっていく……。

どうも、このパターンにはまって苦しんでいることが多いように思うのです。もちろんこれは、私自身も含めてです。

一方、恒子先生には不思議と他人と比べるという視点がありません。

職場で恒子先生より年下のドクターが自分より上の役職についていても、まったく気にしない。他人のほうが自分より待遇がよくても、活躍していても不満を持たない。

「他人には他人の人生があり、自分には自分の人生がある」という考え方が徹底しているのです。

先生は何十年も同じ職場で働いていても他人と軋轢《あつれき》を自ら起こすことなく、人間関係のトラブルにも巻き込まれることなく、働き続けています。

決して人に冷たい、情がないわけではありません。「望まれたらご一緒する」「頼まれたら助ける」というスタイルなのです。

先生から他人を遊びに誘うことも滅多にないし、おせっかいをしかけることもない。私との長い付き合いの中でもそうでした。

ただ、誰かが悩んで相談したら、時間を惜しまずに話を聞いてくれます。徹底して受け身で、そして優しく温かいのです。

それができるのは、人間関係でも仕事でも暮らしでも「常に足るを知っている」からだと思います。

「自分や家族が生きていくために必要最小限度のものだけを得られたらええわ」という気持ちなのでしょう。

自分に必要なものは何か。これを追求していくことが、自分は自分、他人は他人を実践していくヒントになるはずです。

34

人間関係の秘訣は、「距離感」に尽きる。踏み越えてはいけない一線は、決して超えずに保ち続けること。

恒子先生は、職場でも診療でも、誰にでも穏やかに平等に接します。

「苦手な人っていないんですか?」と尋ねると、「私、あまり人の好き嫌いってないねん」と涼しい顔でおっしゃいます。

そのせいか、先生のまわりの人間関係はいつも穏やか。

長年勤めている職場でも、敵対する人やぎくしゃくしている人はめったにいません。

私は今、産業医として約20社の会社で働く人のメンタル相談に乗っているのですが、「上司が苦手で、どうしてもがまんできない」「同僚の○○さんと、性格的にどうしても合わなくて毎日会うのがストレス」と苦しむ人に毎日のように出会います。

職場の近しい人が嫌い・苦手になると、当然、会社に行くのがストレスになってきます。体調を崩す人も少なくありません。

「嫌いだ」、「苦手だ」と強く思えば思うほど、それは表情や態度に出るため、必ず相手にも伝わります。当然ながら相手との関係はぎくしゃくしていき、一触即発状態に。すると、ちょっとしたきっかけでいとも簡単にトラブルに発展してしまうのです。

私自身も人の好き嫌い・合う合わないが強いほうなので、こうした人たちの苦しみや生きづらさがよくわかります。

先生のように人の好き嫌いを少なくするにはどうしたらいいんだろうか？

そんなふうに思って恒子先生を見ていると、あることに気づきます。それは、先生は「人に近づきすぎない」ということ。

「もっと親しくなろう」とか、「もっと関係を深めよう」とか、ご自身からは積極的に望まないし、動かない。だから、人に近づきすぎることがないのです。

かといって常に一人でポツンとしているわけではありません。

恒子先生を慕ってくる人、近づいてくる人に対しては、穏やかな笑顔で受け入れて、楽しく会話を弾ませます。

常に距離感を保っているので、人に過剰な期待も思い入れもしないし、人に過剰な警戒もしないですんでいるのです。

どんな人でもいいところと悪いところがある。

だからいいところだけを見て付き合えば、自分も他人も楽しく嬉しい。

でも人に近づきすぎてしまうと、どうしても悪いところに接する機会が生まれてしまう。人に何かを求めすぎてしまうと、自分の望むものを与えられなかったときに、怒りや失望が生まれてしまう。

先生は、そのことを理解した上で、誰とでも絶妙な距離感を保っているのかもしれません。

5章で紹介したように、先生は長男夫婦の隣の家に住んでいますが、自ら隣家へ行くことはほとんどありません。

「結婚したときに、長男は嫁さんにあげた。孫は当然、嫁さんと長男のもの」と、長男夫婦の生活と自らの生活との間には、常に先生流の「けじめ」を持ち、親とは言えど土足で入り込むことは絶対にしないのです。そのため先生とお嫁さんは、世間によくある嫁姑問題とはいつも無縁。

恒子先生が何十年も職場から乞われつづける理由の一つが、ここにあるのだと思います。

35

孤独であることは、寂しいことではない。「孤独はよきもの」と受け入れると、ラクになることがいくつもある。

距離感の話をしましたが、恒子先生の絶妙な人間関係の距離感は、どこから生まれてくるのでしょうか？

それは、「孤独を恐れない心」から生み出されているのではないかと、私は考えています。

この本を書くにあたって、あらためて先生とたくさんの話をしましたが、先生は「人は基本的に一人で生きていくもの」といった意味のことを何度か口にされていました。

子ども２人を育てあげ、息子さん家族と二世帯住宅に住み、大勢のお孫さんに恵まれても、恒子先生は常に「一人」「孤独」だと言います。

その言葉どおり、恒子先生は息子さんご家族とは、日曜日の夕食しか食事をともにせず、平日はほとんど顔も合わさないし電話もしないといった毎日のようです。

しかし先生はそれがあたりまえだと思っています。孤独であることは、恒子先生にとって生きていく上で「自然な状態」なのです。

私は恒子先生と話している中で、「孤独」に対するイメージが自分と大きく違うことに気がつきました。

「孤独」が悪いこと、寂しいこと、恥ずかしいこと、みじめなこと、といったネガティブイメージがまったくないのです。

先生は「もともと人は一人で生きていくもの」という大前提で生きているので、一人になっても何も怖くないし不安でもない。それが自然だと感じているようです。かたや私も含めて現代に生きる多くの人は、孤独を非常に怖がり、忌み嫌っています。

必死で孤独にならないようにと他人と「つながろう」「一緒にいよう」としてしまう。

その結果、自分の本意でない付き合いに甘んじるなど、ストレスを倍増させてしまっているのです。

職場でも必死で友だちをつくろうともがき、プライベートでも常に人とのつながりを求め、どこにいてもSNSから離れられない……。

孤独を恐れるあまりに、他人に過度に妥協したり迎合したりするので苦しくなります。

常に人とかかわっているため、対人関係の葛藤や不満も絶え間なく発生してしまうのです。

そんな中、恒子先生の生き方は「孤独はよきもの」だということを教えてくれます。

先生は基本的に「一人」という心の基盤があるからこそ、人に対して強い望みも期待も持たないし、人が近づいてこようが離れていこうが動じない。腹も立たない。

「孤独はよきもの」という恒子先生の心のスタンスが、恒子先生のまわりの人たちを自由に快適にしてくれるため、逆に恒子先生を慕う人を増やすのです。

人間関係をもっとよくしたいと望むのであれば、一人の時間を大切にすること。実はこれが、根本的に大事なことなのかもしれません。

36

そんなにすぐに、結果は出ない。焦るときほど、上や下、過去や未来ではなく、「今この瞬間」を大切にする。

仕事をしていると「もっとがんばれ」「もっと成長しろ」とあちこちからメッセージを受け、「人よりも成果を上げていかなければダメだ」という気持ちにさせられます。

そのプレッシャーにつぶされてしまう人が、毎日のように外来にやってきます。

その気持ちは、私自身も抱えていたのでよくわかります。子どもが生まれてすぐのころ、週に2日ほどのペースで仕事復帰をしていたのですが、それはあくまでもパート程度のものでした。他方、同年代の医師はどんどん学会発表したり留学したりと、第一線で活躍する彼らの姿を見て憂うつな気分になっていました。

恒子先生と出会ったのはそんなときでした。先生はグチっぽい私に対して、「仕事のことは焦らんと、子育てをまずしっかりしいや。それが絶対あとで役に立つから」といつもアドバイスしてくれました。

「患者さんを診る医師は大勢いるけど、子どもにとってお母ちゃんは一人しかいやへん。子どもを全力で守り育てることが、まずあなたの大切な仕事やで」

そして、

「私はもっと子どもに手をかけてあげればよかったと後悔しきりや。でもいつも子どもの幸せを守ることをいちばんに考えて働いてきたよ。それは子どもらもわかってくれていたみたいやなあ」

このように言うのです。

「子どもは親が愛情を十分に与えてやったら、自然に独り立ちして離れていくよ。だからそれまではできるだけ子どもの幸せ中心のほうがええ。自分の成長は後回しにして、まず子どもを幸せにすることに全力を注ぎなさい」

そんなことを恒子先生は、私にやんわりと教えてくれたのでした。

仕事に恵まれ、家庭も平和。今でこそすべてを手に入れているように見える恒子先生ですが、それは先生が**人生の瞬間で大切にすべきことを間違えず、しっかりと固めて生きてこられたからこその結果**なのです。

人生の結果は、すぐには出ない。各々、人生の瞬間瞬間で大事にすべきことがあり、まずはそれをおろそかにしないことが大事なのだと、恒子先生は自らの人生を通じて教えてくれたのでした。

コラム
Episode
6

「夫を見送ったのち、老いてもなお仕事の神様に望まれて」

恒子先生が結婚生活のゴールにしていた「子どもたちの結婚式では夫婦2人そろってあいさつ」を無事に終えることができても、先生は結局、夫と離婚することはありませんでした。

「そのころには夫も齢をとって、お酒の量も減ってきて、言うこともすることも、だんだん弱々しくなりましてな。今さら一人にするのもなんとなく可哀想やし、離婚の手続きもめんどくさくなりましてなあ。もうええかって感じになってね（笑）」

こうして恒子先生は息子2人が立派に独立して結婚したのちも、そのままの状態で精神科医としての勤務を続けたのです。

息子の結婚式で

60歳を超えた恒子先生は、もう子どもの学費や家のローンといった家計を支えるために働く必要もなくなっていました。

しかし恒子先生には相変わらず仕事の声がかかり続けました。

少し仕事を減らそうとすると、また次に声がかかるのです。

そのころには恒子先生は22年間勤めた信貴山《しぎさん》のふもとの病院から、奈良県吉野郡の田舎町にある精神科病院に移り、週5日勤務。

しかも休日である土曜日にさえも仕

事を頼まれるという始末。

淡路島の病院へフェリーを使ってはるばると当直に行ったり、大阪のクリニックの外来の手伝いに行ったりと、途切れることなく恒子先生は週6日働き続けました。

このころから先生の心境は、「生きていくために仕事をする」から「仕事で楽しく時間つぶしをさせてもらっている」へと変わっていったようです。

「私はずっと働きづめできましたから、これといって趣味もないですやろ。家にいてもすることがないしね。それやったら患者さんや職員の気の合う人と、いろんな話をしながら仕事していたほうがええかなあって思ってね」

16歳で一人で尾道から大阪へ出てきて以来、その華奢《きゃしゃ》な背中に目いっぱい背負ってきたさまざまな重荷をようやく降ろしてからも、恒子先生は軽やかになった体を休ませることなく働き続けていったのでした。

やがてそれぞれの息子たちにはかわいい孫も次々と生まれ、長男夫婦が孫

5人とともに、隣りの敷地に家を建てて住むようになりました。

夫は深酒がたたって視力が落ち、手先の細かい動きが難しくなったため、先生とは反対に65歳でスッパリと耳鼻科医をやめて隠居。そのころにはすっかり孫をかわいがるいいおじいちゃんと化していました。

休日ともなれば5人の孫が大挙して先生の家に押しかけてきます。

「おう、来たな。今日はこんなお菓子あるで。ほら、おもちゃも」

「わ〜、じいちゃん、ありがとう！」

孫がほしがるものはなんでも与えようとする甘いおじいちゃん。

「またそんなに勝手にあれこれやったら、お嫁さんに怒られますで」

先生がたしなめても、暇を持て余した夫は孫との蜜月を楽しむのでした。

こうした穏やかな日々が続く中でも、恒子先生は相変わらずたんたんと勤務を続け、隣家の長男夫婦たちとはつかず離れずの距離感を保っていました。

そんな穏やかでにぎやかな毎日が5年ほど続いたある日のこと。

自宅で孫たちと遊んでいた夫が、「う〜ん」と言ったきり、急にふらふらと倒れてしまったのです。

病院へ救急搬送されたところ、診断名は「脳梗塞《のうこうそく》」でした。

そのときはほとんど後遺症なく退院できたものの、動脈硬化が進行していた夫はその後も数回にわたって脳梗塞を起こすようになり、身体が少しずつ不自由になっていきました。

そして先生が75歳になった年の春、夫はそれまででもっとも大きな脳梗塞を起こします。運よく命は取り留めたもの、とうとう左半身不随に。

リハビリで歩行器にすがりつけばようやく立てるようになったものの、とうてい一人で身の回りのことはできない状態です。

「いよいよ介護やなあ。私が仕事をやめるときがきたようや」

夫の弱りきった姿を見て、恒子先生はなぜか自然に介護を担う決心をしたと言います。

夫にはさんざん苦労させられた恒子先生ですが、長年夫婦として寄り添う中で紡《つむ》がれた絆は、想像以上に強くなっていたのです。

自宅のすべてをバリアフリーに大改造し、介護用ベッドを整え、廊下には手すりを取りつけてと、介護に専念する準備を着々と整えました。

そんな先生の様子に、夫は大喜びしたそうです。

そして２００４（平成16年）10月。先生の最終出勤日には、病院を挙げての慰労会と送別会が催され、夫は「朝まで飲んで楽しんで来たらええ」と上機嫌で笑っていたそうです。

ところが、恒子先生の送別会が催された次の日のこと。

目前に迫った退院に向けていつも以上にリハビリに精を出してがんばっていた夫は、歩行練習中に倒れ、そのまま帰らぬ人となってしまったのです。

死因は胸部《きょうぶ》動脈瘤《どうみゃくりゅう》の破裂でした。

「あの最期は、ほんまに、あっぱれな見事な死に方やった」

恒子先生も長男ご夫婦も口をそろえて振り返ります。

先生に介護の苦労をさせることなく、夫は潔くあの世へと旅立っていったのでした。

もしかすると、夫の三雄さんから恒子先生への最大の感謝と愛情だったのかもしれません。

そして、夫の葬儀から1か月も経たないうちに、先生のもとには再び仕事の要請が入り始めます。

「何もすることなく家にいても仕方ないしなあ……」

先生は再び大阪の診療所で週2回、外来をすることになります。

その半年後には奈良医大の教授の推薦を受け、大阪和泉《いずみ》市の病院から「ぜひうちに来てほしい」と新たなオファーが。

「故郷の尾道の田舎に雰囲気がよく似ていてなつかしいなあと思って……」

先生はついＯＫを出してしまい、結局、1年も経たないうちに再び週6日働く毎日に戻ってしまったのです。

76歳になっても恒子先生は、仕事の神様から魅入られたままで、働く人生とはどうしても縁を切らせてもらえないようでした。

37

はなばなしい成功や活躍せずとも、一隅を照らす存在になればよし。

２０１７年、88歳の夏ごろから、なんや本をつくるということで、これまでのことをいろいろと思い出してみました。

そうこうしているうちに２０１８年の元旦が来て、さらに一つ年をとって89歳になってしまいました。来年は90歳になるんやと思うと、我ながらえらい年まで生きてしまったなあと半ばあきれてます（笑）。

長いこと精神科医をしてきて思うことは、「人は悲しみや苦しみを分かち合う人をいつも探している」ということです。

人は根本的には、自分一人で生きていかねばなりません。自分を１００％助けてくれる人もいないし、自分を四六時中気にかけてくれる他人さんもいない。

そのことを、腹に据えていくことがうまいこと生きていくにはまず大事なことやと思っています。何が起きても、これは自分の人生なんやと主体的に考えることです。

でもね、「それだけでは寂しい」というのも実際のところなんやね。

人に甘えたくなるし、本音も言いたくなる。でも、本音だけでは生きていけへんから何かと方便も必要。

どんな人もみんな、心の奥底に寂しさや不安、孤独、苦しみをいつも感じながら生きています。

そうした悲しさや苦しみを、そのときどきで少しだけでも分かち合える人がいれば、ちょっとだけラクになったり、元気になることができるんやと思います。そうやって折り合いをつけていくんやろうなということです。

私自身も、最初は一人で大阪に出てきたけども、いつも人に助けられてきました。いろんな人としんどさや苦しさを分かち合ってもらえたからこそ、今ここにいるんやろうなとつくづく思うんです。

まわりの人たちとほどよい距離を保ちながら心地よく付き合っていくことが、うまいことやっていくにはかなり大事なことやと思うんやけど、私たちは感情のある人間やし、さらに今は慌ただしい環境の中やから、ついついバランスが崩れてしまうこともありますわな。

人に期待しすぎてしまったり、また、自分に厳しくしすぎて疲れたり。自分と人と、うま〜く付き合っていくのが大変なこともあるでしょう。

私のところに診療に来る患者さんたちも、自分の生活の中だけではバランスを取りにくいから、話をしに来てくれるんやと思います。

折り合いをつけるというのは大変な問題で、完ぺきに割り切ることはたぶん誰もでけへんと思うのやけど、私の座右の銘の一つは、「**一隅を照らす存在になれればよし**」というものです。

成功や活躍せずとも、自分の置かれた環境で一隅を照らしていければええ。そんな考え方です。

職場でも、家庭でも、自分のまわりにいる人に温かい光をささやかでも送れればそれでええやないかと思うのです。

もちろん、みんなそう生きなさいと言っているわけではありません。あくまでも私は、それが生きる上で無理がなかったということ。

大事なのは、「自分は何ものなんや」と、きちっと向き合ってみるということやということかもしれません。

明確に、「これをしたい」と早い段階で決まる人生もある。なかなか芽が出ない大器晩成型の人生もある。また、人から見れば平々凡々と言われるような人生もある。

それぞれ人生には特徴があって、それは誰かと比べたところでどうしようもないんです。

私は医者として活躍しようっていう志もなく、何か大きな目標に突き動かされて生きてきたわけやありません。そして医者や言うたって、ずっと勤務医。70年間、ずっと会社員です。

何か特別な能力があったわけではないし、ぜいたくをして生きてきたわけでもない。それでも、89歳の今は思い残すことは何もありません。

仕事は迷惑をかけないうちは続けようと思ってますけど、最近めっきり足腰が弱くなってきたから、そのうち少しずつ減らしていこうかなと思ってます。息子夫婦からも「一気に仕事やめたら身体に悪いで、ゆっくりやめや」と言われているので、まあ少しずつ、まわりや自分と折り合いをつけながら仕事を減らしていこうかなあと目論んでますんや。

それが私の生き方やし、上も下もないと思っています。それで、ええんです。

子ども2人もいい嫁さんを見つけて家庭を持って、孫たちも元気に育ってくれているし、あとはお迎えがくれば潔くさっぱりとあの世へ旅立っていくだけや（笑）。そんなふうに思っているわけです。

人は勝手なもんやから、「こう生きるべき」やとか「こうするべきではない」とか、決めつけみたいなもんがありますな。お金をたくさん稼いでる人がえらいとか、夢をかなえてナンボやとか。

それが「なんか違うなあ」と思うなら、その感覚を信じたらええんではないでしょうか。

人生の満足感は、誰か他の人が決めるもんではありません。誰かと同じような人生を生きなければならないという決まりもありません。

「これが自分の人生や」と、一つ覚悟を決めてください。

結局人は、「自分らしく」しか生きられないんですわ。人に振り回されっぱなしの人生に疲れたときは、そんなことをぜひ思い出してみてください。

２０１８年　５月末　中村恒子

おわりに　「蓮華の花がそよぐがごとく」

本書をお読みいただき、ありがとうございました。

私（奥田弘美）は、恒子先生と出会ったときから18年間、ずっと先生のことを書きたいと思い続けてきました。

先生に久々にお会いしたとき、米寿（88歳）を機に勤務を少しずつ減らそうと考えていると知りました。

「爽やかに大往生できるように、今少しずつ準備を始めているところ。ほったらかしにしている家の中も片づけて……それができたらお迎えを静かに待つのみやな」

恒子先生は今、そんな気持ちだというのです。

いつか先生のことを書きたい書きたいと思いながらも、なかなか形にできずにいたのですが、そのとき再び強く「やっぱり書きたい！　書こう！」と意欲と勇気が湧きだしたのです。

出版社には断られ続け、なかなか日の目を見ることができなかったのですが、すばる舎の吉本竜太郎さんをはじめとした素晴らしい方々とのご縁でこのような形にでき、感無量です。

なお、本書を書くにあたり、先生がご自身でＡ４用紙数枚にまとめた生活史を資料としていただきました。先生がパソコンの練習を兼ねて書き留めたというもので、飾り気なくたんたんとつづられた文章の中で、私は特に次の一文に強く心を惹かれました。

「現在、思い起こすと、中庄小学校の低学年のころ、楽しい事は、蓮華《れんげ》畑の、蓮華の花が、一杯咲いた畑の中を、転がっていた光景です」

まだ戦争の影の薄かった平和なころ、幼い恒子先生は尾道市の因島《いんのしま》で小学生時代を過ごしました。

美しい瀬戸内海を望む島で、恒子先生が転げ回って遊んだという蓮華畑の蓮華の花が、私には恒子先生の姿となぜか重なり合ってしまうのです。

風に揺れる優しげな紅紫色《こうししょく》の蓮華の花。そのか細い姿には似合わず大地に根を張り、茎を多方向にしっかりと這《は》わせ、寒さに負けず自生していく。

花言葉は「苦しみをやわらげる」「心がやわらぐ」。

恒子先生の89年を超える人生は、まさに野に咲いた蓮華の花が風に揺れるがごとく、しなやかさと強さと優しさに満ちていると思うのです。

２０１８年5月末　奥田弘美

比叡山延暦寺の石碑

〈著者略歴〉
中村 恒子（なかむら・つねこ）
1929年生まれ。精神科医。
1945年6月、終戦の2か月前に医師になるために広島県尾道市から一人で大阪へ、混乱の時代に精神科医となる。二人の子どもの子育てを並行しながら勤務医として働き、2017年7月（88歳）まで週6日フルタイムで外来・病棟診療を続けている（8月から週4日のフルタイム勤務となる）。「いつお迎えが来ても悔いなし」の心境にて生涯現役医師を続けている。

奥田 弘美（おくだ・ひろみ）
1967年生まれ。精神科医・産業医（労働衛生コンサルタント）。日本マインドフルネス普及協会代表理事。
内科医を経て、2000年に中村恒子先生と出会ったことをきっかけに精神科医に転科。現在は精神科診療のほか都内20か所の企業の産業医としてビジネスパーソンの心身のケアに従事。著書に『何をやっても痩せないのは脳の使い方をまちがえていたから』（扶桑社）、『1分間どこでもマインドフルネス』（日本能率協会マネジメントセンター）、『心の毒がスーッと消える本』（講談社）など多数。

心に折り合いをつけて うまいことやる習慣

2018年 6月26日 第1刷発行
2021年 12月22日 第20刷発行

著 者——中村 恒子・奥田 弘美
発行者——徳留 慶太郎
発行所——株式会社すばる舎
〒170-0013 東京都豊島区東池袋3-9-7 東池袋織本ビル
TEL 03-3981-8651（代表） 03-3981-0767（営業部）
振替 00140-7-116563
URL http://www.subarusya.jp/
装 丁——西垂水 敦（krran）
イラスト——風間 勇人
印 刷——図書印刷株式会社

落丁・乱丁本はお取り替えいたします

ISBN978-4-7991-0721-8